客户经营

CUSTOMER OPERATING

培育私域流量与社交裂变
制胜存量竞争时代

姚群峰 ◎ 著

企业管理出版社
ENTERPRISE MANAGEMENT PUBLISHING HOUSE

图书在版编目（CIP）数据

客户经营：培育私域流量与社交裂变，制胜存量竞争时代 / 姚群峰著 . —北京：企业管理出版社，2021.7

ISBN 978-7-5164-2387-5

Ⅰ. ①客… Ⅱ. ①姚… Ⅲ. ①企业管理－营销管理 Ⅳ. ① F274

中国版本图书馆 CIP 数据核字 (2021) 第 073748 号

书　　　名	客户经营：培育私域流量与社交裂变, 制胜存量竞争时代
作　　　者	姚群峰
责任编辑	蒋舒娟　刘玉双
书　　　号	ISBN 978-7-5164-2387-5
出版发行	企业管理出版社
地　　　址	北京市海淀区紫竹院南路17号　邮编：100048
网　　　址	http://www.emph.cn
电　　　话	编辑部 (010) 68701661　发行部 (010) 68701816
电子信箱	1502219688@qq.com
印　　　刷	河北宝昌佳彩印刷有限公司
经　　　销	新华书店
规　　　格	700毫米 × 1000毫米　16开本　15.25印张　224千字
版　　　次	2021年7月 第1版　2021年7月 第1次印刷
定　　　价	68.00元

版权所有　翻印必究 · 印装有误　负责调换

序言
开展病毒营销，制胜存量竞争时代

◇ 存量竞争时代的市场环境变化

改革开放以来，中国经济社会快速发展，人口红利巨大，企业通过广告宣传、渠道铺货与促销活动等营销手段，可以建立品牌认知，获取新客户，实现业务增长。

近年来，随着中国经济从高速增长转向高质量发展，企业的市场环境发生了深刻变化。其中，市场环境的最大变化，是各行各业都进入了存量竞争时代。随着人口红利逐渐消失，大部分行业的产能过剩，增量客户趋于枯竭，这导致市场竞争异常激烈。

存量竞争时代，市场环境有三大变化：新媒体、新消费与数字化。

①新媒体。一是社交媒体、短视频及直播等十分流行；二是媒体与用户注意力日益碎片化，甚至粉尘化；三是人人都是媒体，人们分享信息、参与传播更加快捷与普遍。

②新消费。人们对美好生活的追求使得需求层次增加。一是消费升级，追求品质与个性化；二是消费去过度化，追求简单、理性；三是年轻人追求新潮与精神诉求；四是消费者主权崛起，消费者追求参与权、话语权、选择权。

③数字化。新冠肺炎疫情与5G加速了经济社会数字化转型进程。

◇ 病毒营销成为第一选择

面对市场环境的剧烈变化，传统营销手段的效率低下，广告失效，渠道瓦解，促销不灵，获客成本居高不下，企业迫切需要创新营销模式，病毒营销成为第一选择。

病毒营销，又称自动营销，就是营销信息能像病毒一样自我复制与扩散，实现营销信息自动传播、产品自动销售、客户自动增长，最终引爆市场流行。可见，病毒营销的获客成本低、营销效率高。

◇ 病毒营销的三大流派

病毒营销包括三个领域或流派，即产品派、策划派、客户派。这三个流派的招数不同：产品派就是产品"好"，产品直击客户痛点、品质卓越、体验极致，产品能够自动销售；策划派就是营销策划"巧"，策划的营销活动富有感染力，营销信息能像病毒一样自动传播；客户派就是客户关系"铁"，客户成为品牌的忠诚粉丝并主动进行宣传推荐，企业实现自动获客、自动增长。

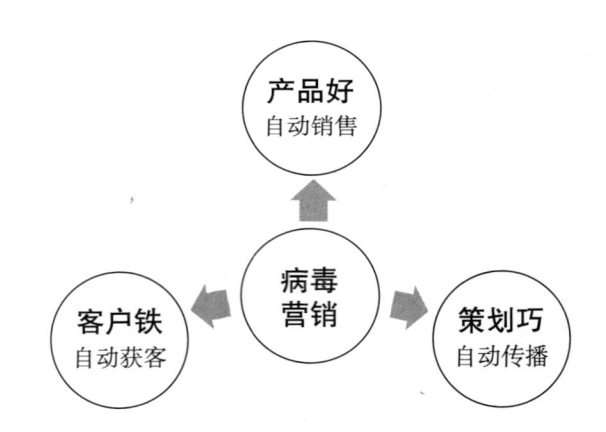

产品是 1，是根本；营销策划和客户关系是 0，对产品有放大作用。

产品好，营销策划和客户关系也好，就是 10、100、1000……产品就能引爆市场流行，快速占领市场。

产品好，却不重视营销策划以及客户关系的维护，也难以有可观的销量，因为"酒香也怕巷子深"。

产品不够好，营销策划和客户关系好，或许能风光一阵子，但最终会露出真面目，结局还是 0。

产品很普通，凭借营销策划和客户关系好，能在市场上掀起波澜，如果产品能够不断改进，通常也能引爆市场流行。

本书是"客户派"的武功秘籍，探讨客户关系的"铁"——挖掘客户价值，让客户忠诚并传播好口碑。

◇ 怎样开展客户经营

后疫情时代是存量竞争时代，客户经营成为企业经营重心。

迄今为止，没有人系统总结过客户经营的方法论，企业缺乏科学的方法指导，尚处于摸索、试错阶段。

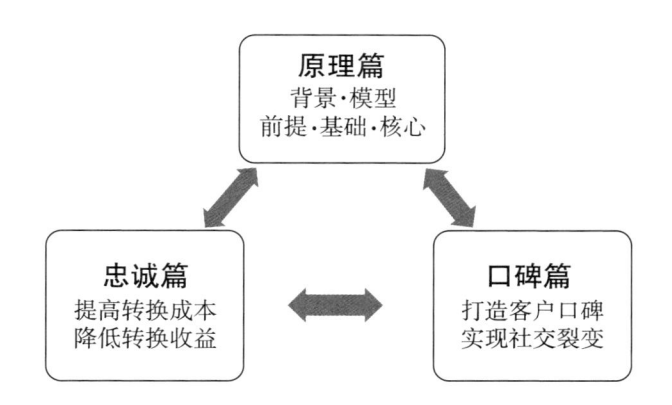

```
        原理篇
      背景·模型
    前提·基础·核心
       ↙    ↘
      ↗      ↖
  忠诚篇  ⇄  口碑篇
提高转换成本  打造客户口碑
降低转换收益  实现社交裂变
```

本书从后疫情时代的市场环境变化出发，剖析了国内外上百个优秀企业的客户经营案例，总结和提炼出客户经营的理论与方法体系。包括 3 篇 17 章：上篇是原理篇，介绍了客户经营的背景、模型与任务等；中篇是忠诚篇，介绍了打造客户忠诚、培育私域流量的 6 种方法，包括提升客户体验、提供综合解决方案、构建会员制、运营客户社群、强化品牌理念以及激发员工内驱力；下篇是口碑篇，介绍了让客户进行口碑推荐、实现社交裂变的 6 种方法，包括提供超预期体验、利用利益驱动、利用种子客户、利用意见领袖 KOL、利用人际影响力以及利用消费领袖 KOC。

目录

序言
开展病毒营销，制胜存量竞争时代 I

原理篇
客户经营：存量竞争时代的制胜之道 01

1　原理一　顺势而为，从经营产品到经营客户 03

传统经营模式已经难以为继，面对市场环境的新变化，企业要从产品经营转型为客户经营。

2　原理二　放眼长远，培养终生客户 15

挖掘客户终生价值，将新客户变成回头客，再变成终生客户，乃至自己的推销员。

3　原理三　客户经营的前提——为客户创造价值 23

消费者不会甘愿成为企业的"私域"，供企业持续"骚扰"，除非企业能给他足够的利益。

4　原理四　客户经营的基础——打造客户忠诚，培育私域流量 45

只有忠诚的流量，才是真正的私域流量。忠诚还是背叛，取决于转换收益与转换成本的对比。

5　原理五　客户经营的核心——让客户口碑推荐，实现社交裂变 54

让客户向他人宣传推荐，通过人际影响拉来新客户，这是客户经营的核心任务。

忠诚篇
客户经营的基础：打造客户忠诚，培育私域流量   63

1　忠诚第一招　提升客户体验　　65

数字时代是客户体验时代。良好的客户体验能提高客户感知价值与转换成本，将客户变成私域流量。

2　忠诚第二招　提供综合解决方案　　78

新消费时代，企业要从提供单产品升级为提供综合解决方案，全方位满足客户需求。

3　忠诚第三招　构建会员制　　92

存量竞争时代，会员制是使客户留存与复购的基本手段。

4　忠诚第四招　运营客户社群　　111

企业运营客户社群，开展圈层营销、内容营销、直播营销，能够培育客户归属感，提高客户忠诚度。

5　忠诚第五招　强化品牌理念　　133

品牌理念越清晰，越容易让消费者产生情感忠诚。

6　忠诚第六招　激发员工内驱力　　143

忠诚的员工带来忠诚的客户；所谓"以人为本"，就是以员工为本。

口碑篇
客户经营的核心：让客户口碑推荐，实现社交裂变　　　　　　　159

1　口碑第一招　提供超预期体验　　　　　　　　　　　　　　161

提供超预期体验，让客户感到惊喜，好口碑由此产生。

2　口碑第二招　利用利益驱动　　　　　　　　　　　　　　　173

即使产品品质与客户体验非常好，很多人还是不愿推荐转发。如果进行利益刺激，就能提高客户的推荐动力。

3　口碑第三招　利用种子客户　　　　　　　　　　　　　　　183

推广新产品时，要找到不同阶段影响力大的客户，通过这些"种子客户"吸引新客户。

4　口碑第四招　利用意见领袖 KOL　　　　　　　　　　　　198

意见领袖 KOL（名人、明星、网红）能够获取人们的信任，影响人们的消费行为。

5　口碑第五招　利用人际影响力　　　　　　　　　　　　　　211

朋友之间的社交互动会影响人们的消费行为，利用同伴影响力可以产生社交裂变。

6　口碑第六招　利用消费领袖 KOC（品牌粉丝）　　　　　　221

品牌粉丝，即消费领袖 KOC，他们能影响他人的消费行为。吸引客户参加企业活动能将其转变成粉丝。

参考文献　　　　　　　　　　　　　　　　　　　　　　　　　233

原理篇

客户经营：存量竞争时代的制胜之道

客户经营
培育私域流量与社交裂变
制胜存量竞争时代

原理一
顺势而为，从经营产品到经营客户

传统经营模式已经难以为继，
面对市场环境的新变化，
企业要从产品经营转型为客户经营。

◇ 客户是企业最宝贵的资源

"企业的目的是创造和留住客户。"

这是被誉为现代营销学奠基人、美国哈佛大学商学院教授西奥多·莱维特（Theodore Levitt）的一句名言。

人们对自己的客户可能会有不同的称谓，例如顾客、用户、消费者、委托人、合作伙伴、粉丝、受众、关注者、流量、交易相对方等，但不管怎么叫，都必须有现实或者潜在的价值交换关系，也就是说，一方付出金钱、时间或者精力等，从另一方获得产品、服务、知识或者情感等。笔者不在此讨论这些用语之间的细微差别，对于客户，你喜欢叫什么就叫什么，只要你对他们怀有深深的敬意。

客户是企业最宝贵的资源，客户资产是企业的核心资产，客户关系是企业全部经营活动的基础。市场竞争的本质不是产品、渠道的竞争，而是客户的竞争。

谁能够尽其所能地利用客户的价值，谁就能立于不败之地。

◇ 传统经营模式难以为继

1. 传统经营模式是产品经营

改革开放以来，中国经济社会快速发展，人口红利巨大，企业通过广告宣传、渠道经销、活动促销等营销手段，可以建立品牌认知，获取新客户，实现业务增长。

这种经营模式是产品规模经营，简称产品经营，就是以产品销售为中心，追求客户数量与收入规模，相应的营销就是争夺注意力，花钱买"眼球"、买流量、买效果，具体做法包括铺天盖地的广告宣传，建立渠道体系并给予经销商与销售人员高额佣金和奖励，在门店与超市货架等终端广泛铺货，采取价格战等促销措施，目的是快速占领或抢夺市场，实现客户数量与收入规模最大化。

传统经营模式的本质是粗放式开拓增量市场，以成本换收入、换市场。

2. 企业的经营效率低下

传统经营模式下，很多企业不了解、不掌握客户。

有些企业不直接面对客户，例如汽车客户的信息在4S店手中，汽车厂商不掌握；快销客户的信息在商超大卖场手中，快销企业不掌握。有些企业虽然直接面对客户，却根本不掌握客户的情况，交易完成就与客户"失联"了，不知道客户是谁，只是坐等客户上门复购。客户数据沉睡在积满灰尘的文档或者庞大而无用的电子表格里，客户信息仅限于电话、姓名与性别，可能还有居住区域、交易记录和 Cookie 文件等，企业没有整理，不会利用，因而也毫无价值。

很多企业与消费者的沟通仍停留在广告和市场调查的时代。企业跟客户的沟通，是点对点或单向的广告公关。当企业需要与客户进行沟通时，就通过媒体或渠道商向消费者传递信息；当企业要了解客户的情况时，他们就抽取一个小小的客户样本，进行昂贵的市场调查或者开展焦点小组讨论等。由于存在种种偏差，这些做法的效果往往不如人意。

传统经营模式的突出问题是盲目性。产品同质化现象严重，对客户的个性化需求挖掘不够，无法精准匹配不同的产品和服务，客户体验差。营销工作就是"盲打"——企业不知道自己的客户是谁、在哪里，就在电视台打广告，去门店与超市铺货，开展降价促销。营销传播就是在电视台、报纸、网站、搜索引擎等公共平台投放广告，这种散点式宣传很难帮助企业精准找到消费群体，企业不能追踪消费者的反应，不知道谁看到了广告、谁购买了产品。看了广告的客户、逛了门店或网店的客户，企业只与其打了一个照面，缺少互动；企业不知道这些客户是谁、从哪里来、为什么而来、之后要到哪里去，也无法再次触达他们，客户离店后就"失联"了。大量的潜在客户没有产生兴趣、产生兴趣的没有实现购买、实现购买的没有产生复购、复购的没有产生口碑裂变。

在很多行业，广告覆盖的客户大约只有10%是目标用户，最终有1%进店产生消费，0.25%产生复购，0.05%产生口碑推荐。

3. 企业的获客成本越来越高

市场竞争的本质是获取客户，获客成本的高低反映了企业的竞争能力与经营效率。

获客成本（Customer Acquisition Cost，CAC），又称流量成本、平均营销成本，是指企业获取一个新客户平均花费的成本，包括广告宣传费用、渠道佣金、促销费用等。

传统经营模式下，企业面向大众市场进行营销宣传，通过公共平台获取新客户。目标客户无论是组织（政企客户），还是家庭或个人，购买行为的决策者、产品的使用者都是个人，都是大众客户。

大众客户通常存在于公共平台上，属于平台的公域流量——以前是报纸、电视台等传统媒体的观众，现在是门户网站、论坛、搜索引擎、社交媒体、信息流、短视频等平台的流量（Unique Visitor，即独立访客，简称UV）。企业面向公域流量宣传推广产品，借助平台的流量打造品牌知名度、获取客户，每次都要支付费用，例如，在报纸、电视台、门户网站、搜索引擎、微博上打广告，在淘宝、京东、拼多多、美团等第三方平台上开店，在抖音、快手等短视频平台上做直播推广，每次都要向平台支付费用。

今天，传统媒体的客流日益稀少，而且成本高涨。历经二十多年发展，国内互联网已经普及，流量红利逐渐消失，互联网平台的公域流量成本也越来越高。

后疫情时代，移动互联网发展进入下半场，移动流量增长速度放缓，市场集中度不断上升，超级APP成了"流量黑洞"，移动流量已被几大互联网巨头垄断，这导致流量价格持续上升。广告、地推、线上线下活动的效率也越来越低，企业的获客成本水涨船高。据了解，淘宝2013年的获客成本大约30元，2020年电商的获客成本达到数百元。2020年"双11"期间，有些商家向平台支付的费用甚至占到总营收的30%。

4. 企业陷入"内卷式"发展陷阱

所谓"内卷"，是指发展停滞不前、低水平复杂化。"内卷式"发展陷阱，是指发展的效率低、质量差。

越来越多的企业家已经认识到，传统经营模式的投入产出比越来越低，广告失效，渠道瓦解，促销不灵，企业已经陷入"内卷式"发展陷阱，具体表现为：企业的获客成本居高不下，新增收入低于新增成本，销售费用拉动增量收入的水平低，企业只能被迫搞低价促销，打价格战，这导致增量不增收、增收不增利，最终结果是企业的总资产与收入规模庞大，但企业价值低，通常表现为利润微薄、经济增加值（Economic Value Added，EVA）偏低或者股价萎靡不振。

打破"内卷式"发展陷阱的唯一途径是创新，创新经营模式刻不容缓。

然而，经营业绩压力使企业经理变得急功近利，他们希望花掉的每一分钱都能立即获得回报，最先缩减的预算往往是市场营销费用。

面对严峻的内外部形势，有些营销人病急乱投医，有些营销人积极探索，这导致"造词营销"层出不穷，如私域流量、种草营销、体验营销、解决方案营销、会员营销、社区营销、KOL营销、KOC营销、网红营销、社交裂变、黑客增长等，营销指南满天飞，令人眼花缭乱。

这些营销创新的内在逻辑与方法论是什么？后疫情时代的经营模式是什么？这正是本书要探讨的课题。

◇ 存量竞争时代的市场特征

当前，中国社会已全面建成小康社会，正在向着全面建设社会主义现代化强国迈进，中国经济正在从高速增长阶段转向高质量发展阶段。在这个时代背景下，企业面临的市场环境一直在演变，而新冠肺炎疫情对各行各业和消费者产生了巨大的冲击，加速了市场环境的变化。其中，市场环境的最大变化，是各行各业都进入了存量竞争时代。

以前，大多数行业供不应求，市场上存在巨大的增量需求，企业通过产品创新以及打广告、抓渠道、搞促销，就能占领市场，获得收入和利润。

近年来，随着大部分行业迎来发展拐点，行业产能过剩，加上人口红利逐渐消失，导致市场竞争异常激烈，增量客户趋于枯竭，市场进入存量博弈时代。

面对存量市场的激烈竞争，很多企业陷入困境——产品与服务日趋同质化，渠道布局都差不多，即便花费巨资打广告、搞促销，也难以吸引消费者的注意力；而消费者的选择增多，对品牌的忠诚度下降，存量客户很难留存下来。许多企业的基本经营手段就是价格战，抢夺来的新客户多，流失掉的老客户也多，客户"大进大出"，客户流失率高，尤其是新客户的流失率非常高。

存量竞争时代，市场环境有三大特征：新媒体、新消费与数字化。

1. 新媒体时代

当前，媒体与信息传播具有以下特点。

（1）媒体碎片化

信息、媒体与用户注意力日益碎片化、甚至粉尘化，用户散落在一个个圈层中，品牌难于通过控制媒体来触达消费者。

（2）人人都是媒体

以前，普通大众缺乏表达的渠道与技能，被称为"沉默的大多数"。今天，微博、微信、今日头条、抖音、B站等新媒体平台层出不穷，这些新媒体赋予了每个人自我表达的权利，人们分享信息、参与传播更加快捷与普遍，每个人都能"直接发言"并与他人高效互动。这些新媒体全面渗透进普通大众的生活，极大地改变了人们的消费形态，还让品牌拥有了真正属于自己的发声窗口，更新了品牌与用户的沟通模式。

（3）新流量红利

技术变革改变信息传播方式，导致人们的注意力发生集体迁移，从而产生新的流量红利。截至2020年年底，中国网民数量达到9.89亿，网络视频（含短视频、直播）用户达9.27亿，其中，抖音日活跃用户超过6亿。年轻群体更习惯从短视频和直播中获取信息，2020年，20～29岁人群日均使用短视频和直播的时长高达81分钟。

人们的时间花在哪里，注意力在哪里，哪里就是商业主战场。目前看来，社交媒体、直播、短视频及信息流的流量非常充裕，这些新媒体正成为企业与消费者互动的重要平台。

2. 新消费时代

改革开放四十多年来，中国全面建成了小康社会，历史性地解决了绝对贫困问题，正在全面建设社会主义现代化强国。温饱阶段的市场需求比较简单，"千人一面"。小康阶段的市场需求趋于复杂多样，"千人千面"。随着中国经济的持续发展，人们对美好生活的追求使得市场需求层次增加、变化加速，"一人千面"，主要表现在以下几个方面。

（1）消费升级

中等收入群体追求全面发展，希望成为更好的自己，偏好自我奖赏，追求品质、绿色、健康、个性化与场景化。所谓个性化，就是消费者追求产品定制与品类创新，表达"标新立异"的个性化需求主张；所谓场景化，就是消费场景的变化会造成需求细化和分化，消费者在不同场景下的需求不同。

（2）消费去过度化

日本社会的消费趋势演变值得我们借鉴。在二十世纪八九十年代，日本社会崇尚消费主义；进入21世纪，日本社会进入老龄化阶段，去过度化成为主流消费趋势，人们追求简单、朴素、休闲、无品牌、本土化。近年来，中国经济发展进入新常态，市场进入消费去过度化阶段，消费者回归实用主义，追求简单、理性，这在市场上表现为反消费主义、反"智商税"、成分党、断舍离、极简主义、去品牌化等。

（3）消费新生代

欧美国家将人群划分为不同世代，例如婴儿潮一代（1945—1965年出生）、X世代（1965—1980年出生）、Y世代（1980—1995年出生）、Z世代（1995—2010年出生）。

当前，中国市场上的主体消费人群是80后、90后、00后，即Y世代与Z世代。Y世代成长于PC互联网时代，Z世代在智能手机陪伴下长大。与以前的代际群体相比，这个庞大的消费新生代成长于互联网时代，社交需求旺盛，喜欢尝鲜，追求新潮、品质与精神诉求，重视价值认同与个性表达，消费需求更加多元化、快捷化、情感化。

（4）消费者主权

又称客户主权、用户主权，包括参与权、话语权、选择权等。以前，企业与消费者之间分工明确，企业负责从产品研发、生产到销售的全过程，寻找、告知、劝服消费者，双方站在对立的立场上。在数字化转型、新消费力量崛起与新媒体蓬勃发展的背景下，企业与消费者的关系发生了变化，消费者在商业生态中享有前所未有的权利，这表现为：

第一，容易获得信息。人们可以便捷地接收网上信息，轻松地发表观点，并快速传播观点，人际传播的效率大大提高了。

第二，信息对称度提高。消费者可以轻松获得有关企业产品与服务的信息，平庸企业将难以生存。

第三，社交媒体放大口碑。利用社交媒体的连接力，人们可以对品牌进行评论。一条网络口碑信息可以迅速被无数人知晓，热点事件往往一两个小时就能全网皆知。

消费者不再是被动地接收营销信息，而是主动地获取信息并进行二次创造；消费者还希望参与企业的业务活动。企业不能把消费者当成宣传与销售的对象，而要与消费者成为"朋友"，共同创造价值。

3. 数字时代

新冠肺炎疫情导致"宅经济""非接触经济"的优势凸显，加速了经济社会数字化转型进程，各行各业加速向线上转型，人们的线上习惯得以加速形成——人们的工作、学习、生活和娱乐行为都迅速地从线下移到线上。根据国家统计局数字，2020年中国社会消费品零售总额比2019年下降3.9%，而网上零售额比2019年增长10.9%。

5G创造数字经济发展新动能，拓展了数字经济的发展空间。5G、大数据、人工智能（AI）、物联网等技术融合发展，将推动数字经济的生产组织方式、资源配置效率以及管理服务模式发生深刻变革，各行各业的数字化转型升级将加速进行。数字技术与产业技术的深度融合，将重塑产业生产方式，提升产业运营效率，加速产品与服务创新，重构营销方式。

人们的购物、社交、娱乐以及学习、工作等活动将在线上线下自由切换，线上线下两个世界再无罅隙。市场营销将实现线上线下一体化，又称为O2O（Online To Offline）、OAO（Online And Offline）或OMO（Online Merge Offline），即线上网店与线下实体店实现信息互联、资源共享，协同服务客户，例如店选网发、网选店取、网选店送等。随着增强现实（AR）、虚拟现实（VR）技术的应用，市场营销将实现线上线下的体验、场景、客户以及数据的完全融合，例如线上体验、线下服务等。

◇ 产品经营转型为客户经营

面对剧烈变化的市场环境与竞争压力，跑马圈地的增量抢夺时代结束了，精耕细作的存量竞争时代来临了，创新与效率成为新时代的基本特色。

企业迫切需要创新经营模式，提高营销效率，降低获客成本。企业要找准目标客户，精准投放广告，覆盖更高比例的目标客户；通过高频互动与反复激活，提高客户转化率；采取措施培育客户忠诚，激发客户口碑裂变，提高复购率与推荐率。这要求企业从产品经营转型成客户经营——获取客户只是开始，留住客户、赢得客户的忠诚才是关键。

所谓客户经营，是客户价值经营的简称，就是以客户价值为中心，将新客户变成回头客，再变成终生客户与推销员，实现客户价值最大化。

从产品经营转型为客户经营，其内涵如图 1.1 所示：

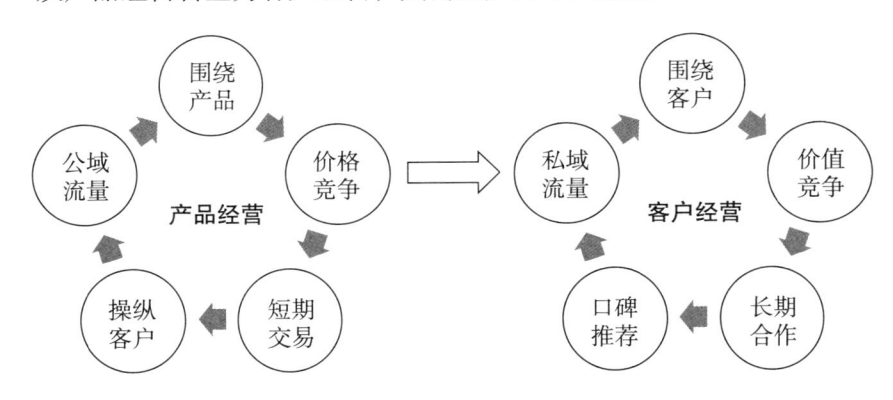

图 1.1　后疫情时代企业经营模式转变

1. 从购买公域流量转变为培育私域流量

所谓公域流量，是指公共媒体平台（包括传统媒体与互联网新媒体）上的大众客户，品牌商家可以通过向平台交费（广告费、平台费等）吸引这些客户。

所谓私域流量，是相对于公域流量而言的，又称为"留量"，是品牌自己吸引来的流量（包括老客户、潜在客户），通常是品牌在媒体工具上的关注者。

根据重点应用的媒体工具的不同，私域流量大体上可以分为强、弱两种。

强私域流量的重点媒体工具通常包括微信个人号、微信朋友圈、企业微信、社群、QQ、官方网站等。通过这些工具积累的关注者是品牌的忠诚客户或粉丝，品牌可以直接触达，随时与其互动沟通，转化率和复购率比较高。

弱私域流量介于公域流量与强私域流量中间，其重点媒体工具通常包括微信公众号、微信小程序、微博、抖音、快手、知乎以及电商平台（淘宝、天猫、京东、拼多多）等。通过这些媒体工具积累的关注者对品牌感兴趣，但忠诚度不高，品牌无法与其随时沟通，推送消息不具备强提醒功能，存在无法触及或者被忽略的风险。

案例　　完美日记：通过微信构建私域流量池

完美日记面向年轻女性提供美妆产品。完美日记通过微信朋友圈、社群以及公众号、小程序等协同联动，与客户建立线上连接，反复触达客户，提升消费体验，提升转化率与复购率。

比如，消费者首次购买后，不仅会收到货品，还会收到红包卡，并被引导着添加关注完美日记公众号和个人客服"小完子"。"小完子"的形象是邻家女孩，定位为私人美妆助理，以闺蜜的角色与客户互动沟通。"小完子"还负责维护包括数百名客户的微信群，解答客户使用产品中的疑问，发布新优惠活动等，她每天会发送有关美妆知识、抽奖等促销活动的图文，偶尔还开展微信直播活动，引发消费者的持续关注和讨论。

2. 从围绕产品转变为围绕客户

企业的所有业务应该是以客户为中心的价值创造活动，而不是以产品为中心的生产与销售活动。

企业要从关注产品本身的质量、成本，转变为洞察消费需求、提升消费体验；从关注海量消费群体转变为关注个性化消费群体；从重点宣传产品功能转变为引导消费者文化认同。

企业要给客户真正需要的东西，而不是自己能提供或者想提供的东西；要建立"客户说了算"的机制，由客户来定义产品与服务。

3. 从价格竞争转变为价值竞争

传统模式下，价格战是最常用的竞争策略。

后疫情时代是个性化、场景化时代，企业要回归创造价值的基本使命，因为利润的本质就是企业创造的价值，是消费者愿意为企业的产品或服务支付的溢价。企业的基本竞争策略应该是价值战，也就是说，面对碎片化，甚至粉尘化的市场需求，企业的竞争优势主要来自对需求的捕捉和满足。企业要建立与客户的全面连接，通过数字化、智能化的手段实时感知、响应、满足客户需求，与客户持续交互，为客户持续提供服务，在每一个环节创造价值，打造极致的客户体验。

4. 从短期交易转变为长期合作

以前，企业与客户是"一锤子买卖"关系，企业追求短期收入与利润最大化，而不是致力于与客户建立长期信任关系。今天，技术迅速进步，客户需求不断升级，产品不断更新换代，但客户始终保持不变。企业的利润来自客户关系，而非具体的产品或服务。

企业与客户的关系要从"一面之缘"转变为"朝朝暮暮"，从短期利益博弈转变为终生合作。交易完成不是客户关系结束，而是客户关系的开始。企业要深刻理解、预测并及时满足客户需求，持续为客户创造价值，与客户建立长期的紧密联系。

5. 从操控客户转变为口碑推荐

传统营销手段是广告宣传、渠道铺货以及促销活动等，本质是强制操纵客户、玩"套路"忽悠客户、粗暴抢夺客户。

今天，经营客户的成本已经低于抢夺客户的成本，领先企业纷纷大幅减少广告宣传与市场推广费用，企业的经营关键词正在从广告、渠道与促销转变为价值、忠诚与口碑：

一是提供高质量的产品、服务和客户体验；二是提高客户的转换成本和感知价值，培育私域流量，赢得客户忠诚；三是让老客户主动推荐新客户，实现社交裂变，赢得客户口碑。

2 原理二
放眼长远，培养终生客户

> 挖掘客户终生价值，
> 将新客户变成回头客，
> 再变成终生客户，乃至自己的推销员。

◇ 客户经营的内涵：挖掘客户终生价值

1. 什么是客户终生价值

客户终生价值，也称客户生命周期价值（Lifetime Value，LTV），简称客户价值，就是一个客户在整个生命周期中为企业带来的利润总和。企业价值就是企业所有客户价值的总和。

客户终生价值代表了一种经营价值观。当你从几十年的时间跨度去看待客户，你对他的态度就会完全不同，经营方式也不一样。企业即使在某次特定交易上赔钱，仍然可以从长期关系中获益，因此，企业应该致力于与客户建立长期关系。

不同品牌客户的终生价值不同。根据有关机构与企业的测算，必胜客每位客户的终生价值是 8000 美元，星巴克是 1.4 万美元，通用汽车是 7 万美元，福特汽车是 30 万美元，而雷克萨斯达到 60 万美元，世界一流咨询公司达到 1 亿～10 亿美元。

客户价值包括直接价值与间接价值。客户直接价值与客户消费额以及客户忠诚度有关，而客户忠诚度的主要衡量指标是客户保有时间。当客户对某品牌产生依赖时，消费额会增加，保有时间会延长，客户直接价值就会提高。

客户间接价值就是客户的社交推荐收入。有些忠诚客户不仅自己购买，还推荐其他人购买。在新媒体时代，一个人通过社交媒体推荐他人购买产生的消费额可能会超过自己的消费额，例如一位意见领袖（KOL）可能带来成百上千倍的推荐收入。

$$客户价值 = 客户直接价值 + 客户间接价值$$
$$客户直接价值 = 客户消费额 \times 客户保有时间$$
$$客户间接价值 = 社交推荐收入$$

2. 客户生命周期，就是私域流量经营流程

存量竞争时代也是数字时代，消费者的消费行为遵循"兴趣—购买—忠诚—推荐"的行为模型。站在企业（品牌商家）的角度，与消费行为相对应的，是私域流量经营。私域流量经营流程包括引流（建立私域流量池）、转化（获客）、复购（保留）与拉新（社交裂变）四个步骤。

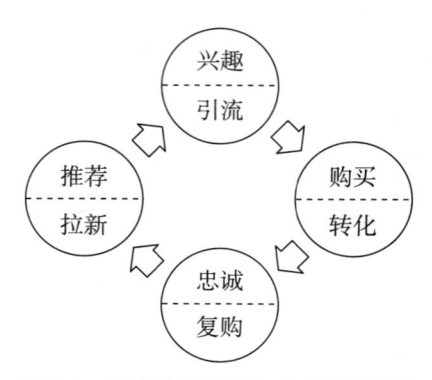

图1.2 客户消费行为与生命周期环节

第一步是引流，即吸引目标客户，让目标客户建立对品牌的认知并产生兴趣，搭建私域流量池。

企业在微信、微博、抖音、快手等热门平台上建号，通过小恩小惠拉粉，这些关注者就成了企业的私域流量了吗？其实，建立私域流量池只是第一步，这些流量还不算私域流量，只表明企业与目标客户建立了连接，客户稍不满意就会"取关"或者卸载 APP。

那么，怎样才能培育企业的私域流量呢？关键是对流量进行深度经营——促使其购买（转化）、忠诚（复购）以及推荐（拉新），忠诚的客户才算得上私域流量，能拉来新客户的客户才是理想的私域流量。

第二步是转化，即促使关注者实现首次购买，将潜在客户转化成现实客户，将私域流量池里的流量转化为现实流量。

第三步是复购，即培育客户忠诚，与客户建立长期关系，使客户成为有黏性的私域流量。

事实上，消费者并不想与企业发生更多关系，不会甘愿成为企业的"私域"，供企业持续"骚扰"，除非企业能给他们足够的利益。

第四步是拉新，即社交裂变，以老带新，让老客户带来新客户。

企业自己寻找新客户的成功率很低，而老客户介绍新客户的成功率很高。

挖掘客户终生价值，要求企业建立客户生命周期管理机制，即完善私域流量经营流程。在引流环节，识别目标客户并精准画像，开展有感染力的营销活动（包括内容营销、事件营销与活动营销），搭建私域流量池；在转化环节，针对客户需求打造优质的产品与服务，使客户愿意消费；在复购环节，既要采取措施提升客户黏性，又要预警客户流失情况，及时开展客户挽留；在拉新环节，采取措施促使客户推荐、拉来新客户。

关于引流，即吸引客户并让其产生兴趣，《感染力》一书有详细论述；关于转化，即打造好产品、将潜在客户转化为现实客户，《不营而销》一书有详细论述；本书聚焦于客户复购与拉新环节。

◇ 客户经营的要素：宗旨、本质与任务

挖掘客户终生价值，需要提供优质产品与服务，让客户感到愉悦，从而

客户愿意消费更多产品与服务，并且向他人推荐。

可见，客户经营的宗旨是以客户为中心，诚实厚道待客，提高客户的价值获得感。

客户经营的本质是"近悦远来"，就是给老客户创造价值，老客户感觉愉悦，就会吸引新客户纷至沓来。

《论语·子路》里面记载了这样一个故事。孔子周游列国时，来到楚国的叶邑，叶公向他请教怎样管理政事。孔子回答："近者悦，远者来。"意思是，先让近处的人喜欢，远方的人就会前来投奔。自古以来，"近悦远来"与"宾至如归""童叟无欺"等一样，都被商人们奉如圭臬。

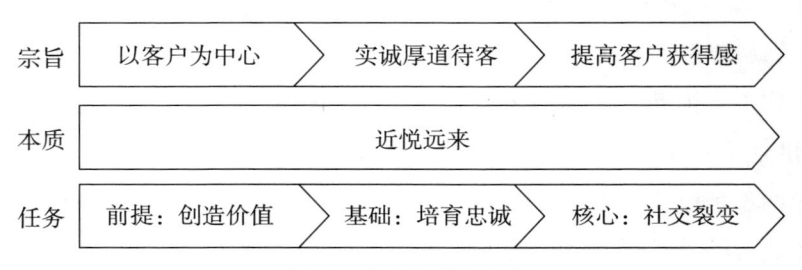

宗旨	以客户为中心	实诚厚道待客	提高客户获得感
本质	近悦远来		
任务	前提：创造价值	基础：培育忠诚	核心：社交裂变

图1.3 客户经营的要素

客户经营包括三大任务：为客户创造价值；建立私域流量，培育客户忠诚；促使口碑推荐，实现社交裂变。

1. 为客户创造价值

企业的根本使命是持续为客户创造最大价值，这也是客户经营的前提。

为客户创造价值，是指企业产品品质好，客户体验佳，充分满足客户需求。好产品不仅能吸引客户，还能使客户成为回头客并进行宣传推荐，产品销售不用依赖成本昂贵的广告、渠道以及促销活动。

2. 建立私域流量，培育客户忠诚

忠诚，意味着人们宁愿拒绝更好的产品或更低的价格，也要继续与品牌保持连接。客户保有的时间越长，企业就越了解他们的需求，越能够提供好

的产品或服务，从而获得越来越多的收入与利润。

忠诚的客户，才是企业的私域流量。在存量竞争时代，企业要致力于与客户建立长期紧密的关系，挖掘客户的长期价值。

3. 促使口碑推荐，实现社交裂变

当忠诚度提高、信任程度加深的时候，消费行为就会向客户的亲朋好友等社交圈子延伸，实现社交裂变。

口碑推荐，就是客户主动进行口口相传，老客户为品牌说好话、吸引来新客户。当前，相比于媒体广告和销售人员推销，消费者更加信任人际口碑推荐。优秀企业能促使老客户口碑推荐，挖掘客户的间接价值。

案例　　财捷：让客户满意、忠诚并成为推销员

财捷（Intuit）是美国一家软件服务商，主打产品是快克（Quicken）软件，该软件的界面友好，可以让不熟悉电脑的客户运用电脑管理家庭财务，处理填写支票等简单理财事务，售价20～40美元。

公司创始人库克创新经营模式，致力于为客户创造价值，让客户忠诚并成为推销员。

首先，公司致力于打造完美产品，给客户优质使用体验。公司招聘了一批软件工程师，到客户家里观察客户怎样启动并使用该产品，然后不断完善产品。不久，新客户就能在打开产品包装5分钟内学会使用产品。

接着，公司推行产品包退包换、客户试用满意再付款等措施。潜在消费者还可以向公司索取软件并试用，然后再决定是否付款购买。很少有客户对产品不满意而拒绝付款，很多客户还将产品推荐给朋友。

公司组建了专家客服队伍，负责接听客户来电、向客户提供软件使用咨询服务与理财知识，收集客户反馈。由于专家技术服务比较昂贵，如果产品不过硬，求助电话就会很多，公司就难以负担。

财捷每年推出升级版产品，有时包含100多项改进，并以初版的价格销售。一旦被产品迷住，大多数客户都会购买升级版新产品，并且不断向他人推荐，成为免费的推销员。

◇ **客户经营的目标：打造忠诚与口碑，实现自动获客**

客户经营的目标，不是实现交易，也不是让客户满意，而是培养忠诚的客户，让客户对品牌产生依赖，从而将品牌推荐给他人；近悦远来，被推荐来的客户很满意，再主动推荐品牌给更新的客户，客户群就像滚雪球一样越滚越大，企业实现自动获客、自动增长，这也是企业经营的根本目标。

过去，消费者的忠诚与口碑推荐更多的是一种自发行为，企业不知道哪些客户忠诚、为什么忠诚，不知道哪些客户会推荐、为什么推荐。新时代是客户经营时代，企业要着力培育客户忠诚，引导客户去宣传推荐。

案例　　　　开市客：经营客户的会员制超市

开市客（Costco）是美国最大的连锁会员制仓储量贩店，定位为客户服务商而非零售商，不是靠低买高卖商品赚取差价，而是实行会员制，帮助会员以低成本买到高品质商品，收取会员服务费。公司全部活动都是为了服务好会员，吸引更多人成为会员。

由于商品品质好、价格低，服务好，消费者愿意成为开市客会员。会员会费分两档：白卡60美元/年；黑卡120美元/年，外加2%的返现，上限为1000美元。

开市客几乎不打广告。由于口碑良好，客户净推荐值（即推荐率，参见本书"原理五"）达到79%，数千万忠诚会员热情地进行宣传推荐。2019年，开市客在全球9个国家共开设700余家分店，全球付费会员超过9000万，会员人均年消费 1395 美元，会员年续费率达 91%。很多消费者对开市客建立了绝对信心，甚至只去开市客购物。

近年来，当大部分实体店面临电商冲击而没落的时候，开市客却逆势顶住了冲击，收入与利润连年高速增长。

开市客成功的秘诀有三个。

1. 全面满足客户购物需求

作为会员制平价精选超市，开市客面向中产阶级家庭，目标客户的消费观念成熟，时间成本较高，追求高品质、高性价比。开市客精选中产阶级最常用的商品，全面满足客户购物需求，确保优质优价，让客户放心消费。

①精选商品。开市客只卖 4000 种商品，在品项筛选、供应商选择、商品测试等方面严格把关。每个品类只有 1~2 个市场上最受欢迎的品牌，以降低客户选择成本。

②低定价。开市客将商品毛利率控制在 10% 左右，不到传统超市的一半。采取各种措施降低成本：商品种类少，单品销量大，可以大批量采购以降低进货价；在郊区谨慎选址降低租金；仓储式超市，没有豪华装修，商品陈列简单，不提供手提袋；自有品牌采用独家定制的大包装，比如 10 千克装巧克力、6 升装的葡萄酒、5 千克一袋的薯片。

③省心放心。退换货不问原因、不限时间，随时可以退换；商品种类少、品质好、价格低，每款都是爆款；客户不用挑选、不用关心质量、不用比价，看到需要的东西拿走就行了。

2. 服务项目多，客户体验好

①方便客户。开市客将店铺开在商业中心附近。会员购物可以带一个非会员，分单结账，方便会员与亲友共同购物，共享闲暇时光。

②服务范围广。高频刚需类商品较多，如食品、蔬菜、日用品的种类多。提供各种生活服务，例如保险、装修、汽车加油、汽车维修，还有旅游、租

车、送水、体检、视力检查、验光配镜等，很多服务项目是免费的。

③让客户"占便宜"。经常举办试吃活动，免费试吃的商品种类多、分量大。提供无利润商品吸引客流，如4.99美元的烧鸡年销售6000万只，消费者好评如潮；经典的"苏打水＋热狗"套餐，30多年保持1.5美元/份的价格不变，每年卖出1亿多套。

④体验式消费。不定期上架新商品、低价商品，许多商品的摆放位置经常变化，甚至把热卖商品藏到不起眼的角落，跟会员玩捉迷藏；偶尔出现的特卖商品或极致好货，很可能当天就卖完；会员每次都能看到很多新货。购物更像是一次寻宝之旅。

3. 善待员工

开市客员工待遇好，甚至超过硅谷的顶级科技公司，员工满意度接近谷歌。开市客收银员的平均时薪远高于行业水平，而员工离职率远低于行业水平。

3 原理三
客户经营的前提——为客户创造价值

> 消费者不会甘愿成为企业的"私域",
> 供企业持续"骚扰",
> 除非企业能给他足够的利益。

采取赠送、打折等手段,给消费者小恩小惠,吸引客户购买产品并关注企业微信公众号或者安装 APP,并不能使其成为私域流量。企业首先要为客户创造价值,客户才有可能成为私域流量。

客户是企业一切活动的起点和归宿。客户经营的所有活动,包括培育客户忠诚、实现社交裂变,都要始终不渝地遵循为客户创造价值这一基本前提。

为客户创造价值,企业需要洞察社会消费变化趋势,首先要满足客户基本需求,然后要满足客户多元化、个性化需求,逐步发展到引导客户需求,最终目标是重构与创造客户需求。

为客户创造价值,根本途径是提供好产品、好服务,另外还应注意以下几个方面:通过增加客户感知利益来提升客户感知价值;通过降低客户感知成本来提升客户感知价值;建立客户数据平台,满足个性化需求;分类管理,提升客户满意度与价值贡献。

◇ 增加客户感知利益，提高客户感知价值

1. 客户感知价值

在消费者眼里，只有感知，没有事实。消费者看重的是"感知价值"或"感知利益"，而不是产品本身的"价值"或"利益"。企业眼中的利益不一定是消费者感知到的利益。很多企业花重金研发产品，但是消费者不购买，就是因为消费者感知不到产品利益，或者所感知到的利益小于感知到的成本。

客户感知利益是指客户消费某产品或服务时所感受到的效用与好处，包括物质利益和精神利益。客户感知成本是指客户为消费某产品或服务所付出的成本与代价，包括货币成本、时间成本、精神成本和体力成本等。

$$客户感知价值 = 客户感知利益 - 客户感知成本$$

客户感知价值是客户对某产品或服务的效用、好处及得到该产品付出的代价的综合感受，是客户对感知利益与感知成本权衡比较后形成的主观判断。如果感知利益大于感知成本，客户就感觉有价值。

2. 增加客户感知的物质利益

（1）满足核心需求

针对客户看重的核心需求，要努力做到100分；针对客户不看重的非核心需求，做到60分即可。

核心需求就是客户在特定场景下的刚性需求，不同客户在不同场景下的核心需求不同。例如，许多人认为碳酸饮料、西式快餐是垃圾食品，可是可口可乐、麦当劳却位居世界上价值最高的品牌之列。对年轻人来说，在炎热天气里或者运动之后，只想来一瓶清凉的可口可乐"爽"一下，哪里顾得上思考健康不健康呢？人们为什么喜欢麦当劳？因为麦当劳方便、卫生。去诺德斯特龙（Nordstrom）购物的人看重的是丰富的商品选择、配有高档钢琴的

休息大厅等,而去沃尔玛购物的人关注"每日低价"以及公司高管在门口问候自己。

就服务质量而言,不同客户的核心需求不同。例如,有些客户评判服务质量的维度是态度、速度和可靠性,态度是指"尊重人""热情服务"等,速度是指"无须排队等候""服务效率高"等,可靠性是指"随时提供服务""遵守承诺""一贯服务"等。有些客户则根据态度和速度两个指标来评判服务质量。

企业要仔细识别目标客户的核心需求,提供有针对性的产品与服务,不能凭空臆想。例如,有些客户通常追求消费体验(如服务速度),有些客户追求建立信任关系,期望降低非货币成本,不太关心是否享受价格优惠。

案例　英国航空:满足乘客核心需求

英国航空采取多种措施收集乘客需求,包括增加客服电话的数量,在业务繁忙的售票处增加售票员,乘客下飞机时可以通过意见记录系统留下意见。

根据乘客的需求与意见,英国航空尽力提升服务价值,比如优化登机流程,保证飞机按时起飞;在飞机到达时提供各种便利服务;在航行过程中不断将飞行状况告知乘客,以管理乘客期望;学习先进企业的订单处理流程、投诉处理流程以及原材料处理流程等,找到差距并制订提升措施,通过培训提升员工服务水平;向客服人员赋权,当乘客对服务不满意时,客服可以自行确定具体的赔偿额度,当场满足乘客的赔偿要求。

经常因公出差的商务乘客是英国航空的重点客户群。公司完美提供乘客最看重的服务,如准点、无须中转的短途飞行、机票价格低廉、乘务员态度友好等;对于乘客不看重的服务,包括分配座位、中途供应餐饮、行李转运等,正常提供即可。

公司开展了大量客户调查与焦点小组访谈活动,确定哪些服务可以增加商务乘客的旅行价值。例如，有些商务乘客希望在长途旅行之后，尤其是夜间飞行后，机场可以为他们提供沐浴和更衣的条件。公司在伦敦希思罗机场增加了这项服务，为这部分乘客获取商务成功做出了贡献。在乘客心目中，该服务的价值远远超过了公司所花费的成本。

（2）性价比高

大多数消费者追求性价比，而不是对品牌忠诚。如果两个产品的质量、款式难分高下，大多数人会选择便宜的。因此，亚马逊严格控制广告等营销方面的花费，将资源重点配置在降低价格、免费送货和IT服务等方面，这大幅度提升了客户口碑，70%的客户主动为其说好话。

（3）回馈价值

老客户看重企业回馈价值。例如，某保险公司规定，如果车险客户上一年没有发生过事故，当年保费可优惠10%，以前三年没有事故，可再享受5%的优惠；通信运营商推出网龄计划，网龄越长的用户享受到的优惠越多。

（4）企业信誉好

人们喜欢和有信誉的人或企业打交道。如果企业的信誉不佳，产品或服务的价值就会打折扣。有些企业制订复杂的资费政策，与客户签订的协议里面有很多限制性条款，客户就会觉得有"套路"或"陷阱"，企业可能借此实现短期收入最大化，却丧失了客户的信任。

在线上市场，无论是买家还是卖家，信誉度越高，就越受对方欢迎。哪家餐馆会出现在大众点评与Yelp搜索结果的最顶部，爱彼迎（Airbnb）上房间出租价格的高低，淘宝与eBay上的卖家对商品定价的高低，跑腿兔（TaskRabbit）上选择谁来跑腿，等等，这些往往与品牌信誉密切相关。因此，卖家都非常重视自己的信誉，投入大量精力以维持较高的评分。

企业要提升信誉，首先要厚道待客，例如产品组合简洁清爽、资费政策简单明了、售后服务条件透明等。美国西南航空公司曾打破行业通行的复杂价格机制，采用简单透明的价格政策，并提供免费改签服务，受到广大乘客的欢迎。

(5)包装精美

消费者喜欢包装精美的产品,包装能提升产品的客户感知价值。

服务企业怎样利用产品包装呢?可以将文件资料包装得具有吸引力和实用性。例如,保险销售代表将客户保单装在漂亮的文件夹里送给客户,文件夹上印着客户的名字,坚固耐用,可以存储其他文件材料,这让客户爱不释手,长期使用这个文件夹。

(6)长期质保

企业的质保政策慷慨大度而非斤斤计较,能提升客户的感知价值。对消费者而言,长期质保比短期质保更有价值,终身保修比60天保修更有价值。

我的朋友老陈曾经开了一家五金工具商店。起初他的质保政策是6个月保修。后来,他把质保政策调整为终身保修。老陈发现,这并没有提高商品退货率。事实上,如果保修期是6个月,客户使用了4~5个月,可能会因为商品的一些小瑕疵申请退货。终身保修排除了立即行动的动机,反而降低了退货率。

当然,也会有少数客户钻空子,例如使用很长时间后要求退款,这会让企业付出代价,但这代价远远低于企业因此而建立的良好形象的正面价值。

诺德斯特龙推行无条件退货政策,获得了广泛好评。曾经有个客户在诺德斯特龙退掉了一套轮胎,而诺德斯特龙从未销售过轮胎!公司受理了客户的这个无理请求,却产生了巨大的广告效应。这个传奇故事首先记载在1982年汤姆·彼得斯和罗伯特·沃特曼撰写的管理畅销书《追求卓越》(*In Search of Excellence*)中,随后这个故事被广泛转载,吸引了数百万读者,这些读者正是诺德斯特龙的目标客户。

(7)赠品

企业要善于利用赠品,不要轻易打折降价。好的赠品,客户喜欢,成本却很低,这源于企业对客户需求的深度洞察。例如,开市客以免费试吃和免费自助午餐出名,吉列为青少年免费提供他们人生的第一把剃须刀,诺德斯特龙以大方的退货政策和优质的客户服务闻名于世,美国西南航空免费提供托运箱包服务。

理想的赠品有以下几类：

一是感知价值高而实际成本低。加油站提供的免费洗车服务，除了设备折旧和人工费用，成本仅仅是水和洗涤液，但客户感知价值很高。冷饮店销售冰激凌时，服务员填满冰激凌桶，再往上加一勺，顾客就感到高兴。租DVD可以获赠爆米花，其成本相当低，但与电影院的爆米花相比，感知价值就很高。

二是满足刚需。新冠肺炎疫情期间，笔者所在的小区超市推出"购物满100元赠送2只口罩"的活动，附近的外卖火锅店推出"消费299元以上提供免费蔬菜代购"的活动，都满足了消费者的刚需。

三是外显用品。向客户赠送印有品牌LOGO的日用品，例如购物袋、背包、保温杯、雨伞、皮质活页笔记本、移动硬盘和文具等，作为移动广告。

3. 增加客户感知的精神利益

有时候，相比物质利益，消费者更看重产品带来的心理感受和包含的象征意义。

例如，礼品要看起来贵重、高端，这能表达消费者"舍得、大气"的形象；饮料瓶上印几个又大又鲜的水果让人感觉果汁更多；浓稠的牛奶让人感觉营养更丰富；薄荷味牙膏让人感觉刷牙后牙齿更干净；洗衣粉里添加彩色颗粒让人感觉去污力更强。

戴比尔斯的广告语"钻石恒久远，一颗永流传"，让钻石成为忠贞爱情的象征；DR钻戒的广告语"男士一生只能定制一枚"，提升了客户的形象——"我送DR，说明我只爱你一个人"，这不知道融化了多少姑娘的心。

案例　　　　　　雷克萨斯：为客户创造价值

雷克萨斯（Lexus）是丰田集团旗下的豪华汽车品牌，1989年推出旗舰车型LS400，1990年就成为北美豪华车销量冠军。其成功秘诀是：

1. 选择目标客户

雷克萨斯的 LS400 型车外观典雅、经久耐用，目标客户是卡迪拉克和奔驰的中老年车主。这些中老年人比较稳重，不再热衷于时髦和功率，更关心售后服务、可靠性以及转售价值。雷克萨斯调查发现，奔驰和卡迪拉克没有给这些客户创造应有的价值，没有把客户贡献的收益回馈给客户，有些客户已经开始疏远品牌。

2. 提升客户的价值获得感

为了更好地理解目标客户的核心需求，LS400 型车的主任设计师离开日本到美国工作生活了三年，他带领团队仔细分析研究目标客户拥有一辆豪华汽车的全过程，包括购买、提车、驾驶和乘坐、例行保养和紧急检修、与厂商沟通联络、以旧换新，等等，详细分析各个流程的每一个细节，找出可能造成客户不满意的每一个根源，明确影响客户价值获得感的主要因素，并制订改进目标，以确保客户在生命周期每个阶段的价值获得感都能最大化。

3. 向经销商提供优质服务

雷克萨斯保证经销商赚取合理的利润。由于经销商销量大，因而即使加价幅度小、提供的服务多，也能获利丰厚。

雷克萨斯建立了高效的信息服务系统，向经销商提供优质服务。雷克萨斯通过卫星通信系统连接全美国所有的经销商，可在线追踪每辆车的维修保养记录，每家经销商都能便捷地获得每辆车的历史服务记录。这套通信系统与一个现代化的零配件仓库联网，该仓库运行着世界上最复杂的汽车零配件存货管理系统，经销商可以随时定购配件，既节省费用，还能减少等待送货时间。每家经销商平均只需维持价值 10 万美元的零配件存货，而行业平均值是 20 万美元；零配件存货每年周转 8 次，而行业平均值是 4 次。

雷克萨斯还向经销商提供客户满意度调查、故障诊断、培训，以及针对具体问题的专家帮助等服务。雷克萨斯会派出服务小组，去访问客户少、盈利情况差的经销商，提出有针对性的改善建议。

通过这些举措，客户的重复购买率高达 63%，84% 的客户每隔半年就接受付费检修服务，这个数字是美国汽车行业里最高的。

案例　　　　　　　　　USAA：为客户创造价值

美国保险公司USAA向军人及其家属提供保险服务。USAA要求销售经理致力于为客户创造价值，充分考虑投保人的利益，帮助客户节省保费等，而不是单纯追求高利润。

公司利用各种方法，了解客户需求。公司管理层几乎都是军官出身，他们曾经是公司的客户，因而容易体会到客户的需求。公司不断收集客户信息，预测可能发生意外的时间与场景，充分满足客户的各种要求，促使客户考虑为家庭成员、房子或汽车购买保险，或者投资公司的共同基金。

公司发现客户更喜欢电话联系，而不是与销售经理面对面交谈，于是将业务重心放在电话沟通服务上。公司发现客户特别希望打一次电话就能解决问题，于是规定客户打第一个电话就能够解决87%的问题，同时制订了一套核查办法以监督执行。公司提高索赔处理员的工作效率，重新设计索赔流程，尽量做到客户只需向服务代表打一次电话就可以解决问题。

◇ 降低客户感知成本，提高客户感知价值

降低客户的感知成本，有以下方法。

1. 降低价格

企业不要想当然地认为目标客户需要低价，急功近利地采取价格优惠策略，要调查研究客户为节省时间、精力和获得便利而愿意付出什么。例如，美国西南航空公司针对价格敏感型客户，不仅提供低价机票，而且大幅降低服务质量，成为美国最赚钱的航空公司。

①低价策略。沃尔玛凭借庞大的经营规模，在与供应商谈判时处于绝对优势地位，因此可以实行天天低价政策（Everyday Low Pricing，EDLP）；拼多

多通过低价策略，快速收获了大量客户。

②给客户划算感。消费者想要的其实并不是低价，而是针对某种商品的一种"这真的很划算"的感觉。企业要努力让客户获得这种感觉。

案例　星巴克：给顾客一种"划算"的感觉

购买星巴克星享卡的人通常感觉占了便宜，实际上这并不优惠。一张星享卡售价88元，含三张"买一赠一"券、一张免费早餐券、一张升杯券。如果要获得全部权益，至少要付出258元的成本：88元（办卡费），30元（办卡当天第一杯咖啡），30×3元（为享受三次买一赠一权益购买的三杯咖啡），30元（为享受一次免费升杯权益买的咖啡），20元（为配套免费早餐咖啡购买的小点心）。因此，消费者一共消费了9杯咖啡，258元÷9杯=28.6元，仅比正常售价30元便宜了1.4元。

星巴克将咖啡分为三种杯型：中杯、大杯、超大杯，而非符合人们思维惯性的小杯、中杯、大杯。你开始可能不习惯，但当你习惯了这种叫法，大脑就会形成一个印象——花同样的钱得到更大的杯——在别处买的是小杯、中杯、大杯，而星巴克总是给你更大的杯型，这让你觉得占了便宜。

③打折与降价。通过短期优惠价、优惠券刺激客户冲动购买。

④甩货。例如，Priceline在其官方网站上链接多个折扣网站，售卖库存产品，尤其是航空公司或酒店的剩余服务能力，让客户竞价购买。

⑤分期付款。例如，汽车经销商、家电经销商经常打出类似"三年分期付款零利率""零首付"的宣传口号。

2. 节约时间

现代社会的节奏快，人们的时间宝贵，消费者希望快速消费，节约时间就是为客户创造价值。

客户消费时，通常需要花费时间与精力寻找合适的产品或服务，甚至需要排队购买。怎样解决这个问题呢？简单地增加员工会增加企业成本，企业可以通过巧妙的安排、有趣的活动，减少客户感知的等待时间，提升客户体验。

案例　餐馆与写字楼：减少顾客感知的等待时间

麦当劳曾向顾客承诺：60秒不能备餐完毕，免费送顾客一杯中杯可乐。无独有偶，小肥羊也曾推出等餐沙漏：顾客点完菜后，在桌上放一个沙漏，如果沙子全部漏完时菜还没有上齐，门店就打九折或者赠送一瓶饮料。

海底捞、外婆家等餐馆在顾客排队等候时，提供免费的瓜子、水果以及美甲服务等，这让顾客不觉得无聊，还觉得占了便宜。

某写字楼的租户抱怨电梯又旧又慢，等待时间太长，有租户威胁不修好电梯就要退租。物业公司的解决方案很简单：在电梯旁边放一面镜子。这有效减少了人们对电梯的抱怨。当人们被自己吸引时，就很容易忘记等待时间。

案例　乔治·布什机场：减少乘客感知的等待时间

乔治·布什机场是美国休斯敦的三大机场之一。几年前，由于取行李的等待时间过长，乘客投诉不断。为了减少等待时间，机场增加了行李员，将乘客等待的时间大幅度压缩至8分钟。但是，乘客的抱怨并未减少。

机场经理向美国管理学家斯蒂芬·P. 罗宾斯（Stephen P. Robbins）求助。罗宾斯调查发现，乘客取行李的等待时间由两部分组成：从出口走到行李提取处，需要1分钟；取包，需要7分钟。他的解决方案是：拉远出口到行李提取处的距离，再将乘客的行李按另外一种特定的路线送至行李提取处。这样一来，从出口走到行李提取处需要6分钟，取包只需要2分钟。

新方法的效果立竿见影，很少有乘客投诉取行李等待时间过长。乘客还是等待8分钟，但6分钟走路加2分钟等待，比1分钟走路加7分钟等待，感觉会好很多。

3. 方便客户

做决策是一件痛苦的事情。有这样一个心理学实验：实验人员分别给两组受试者展示超市里的果酱，向第一组展示了6种果酱，向第二组展示了24种。结果发现，第一组中购买果酱的人数是第二组的10倍。选择更多会导致消费者难以选择，最终放弃选择。

企业要减少客户消费过程中的决策成本，让客户不麻烦、少花精力，享受卓越的服务体验，比如让客户容易找到产品、方便与商家沟通、快速进行购买决策，并提供完善的售后服务，包括送货上门与安装调试、包退包换免运费等。

亚马逊致力于帮助人们在网上买到一切东西，用户可以网上订购，在家收货。亚马逊无数次优化网站主页，创建非常友好的网站界面，排除了影响购买的一切障碍。

某餐馆在菜单上标出"店长推荐""人气最高"，当顾客不知道该点什么菜时，他可以点这些菜。

Alltel公司是一家高科技通信企业，向中小企业客户提供通信服务解决方案——解决客户所有的通信服务问题，包括对讲、无线通信和长途通信等服务。由于服务具有范围经济效应，供应商与客户的交易成本都降低了——供应商为一个客户提供三项服务的成本小于为三个客户提供一项服务的成本。

案例　　　　　仁科软件：节省客户精力

仁科软件（PeopleSoft）提供人力资源、会计、生产制造等领域的企业管理软件。公司努力节省客户的精力，尽量降低客户由于软件安装不良、人员培训以及维修等产生的额外开支；公司授权员工可以做能满足客户需求和增强客户关系的任何事情，CEO也花大量时间了解客户需求；公司给每位客户安排专门的客户经理，客户经理在公司内代表客户，其薪水根据客户满意度而不是销售收入进行核算。

通过这些举措，尽管面对Oracle和SAP等强大竞争对手，PeopleSoft还是实现了很高的客户保有率。

◇ 搭建客户数据平台，满足客户个性化需求

1. 掌握客户数据是开展客户经营的基础

为客户创造价值的前提是掌握客户需求。只有理解客户，才能满足客户。只有掌握了真实、全面的客户数据，才可能全面掌握客户需求，从而满足客户的个性化需求。

数字时代，客户数据是企业的战略性资产与核心竞争力，大数据搜集、存储和利用具有巨大的商业价值，一个真实完善的客户数据系统就是一个大金矿。企业能否将客户数据有效利用起来，关系到市场竞争的成败。

2. 搭建客户数据平台，用数据驱动经营

整合全渠道、全场景的数据资源，全面获取客户信息、消费行为及偏好，实现对客户的全方位理解，挖掘客户资产价值。

①收集客户数据。客户数据包括三类：一是基本数据，包括姓名、性别、生日、地域、职业、教育程度、收入、家庭状况、手机号码与微信号等；二是消费数据，包括消费金额、消费数量、消费时间与地点、消费频次、消费时间间隔，以及决策模式、消费偏好、评价与反馈意见等；三是社交数据，包括兴趣爱好、圈子、互动行为、消费等级、信用水平、财富状况、生活方式等。

企业收集客户数据的途径，包括线下线上各种渠道、各种使用场景。线上渠道及使用场景包括业务咨询、在线订购、在线预订、在线排队、在线领会员卡、团购等；线下渠道及使用场景包括店内试用（品尝）、预订、排队、

领会员卡、叫号取单、支付、提货等。

②客户画像。根据客户经营的需要，选取适当的指标，如价值、消费频次、喜好等，对客户分类并加上标签，对客户进行精准画像。

③预测需求。利用大数据算法模型预测客户真实的、潜在的需求，即时、清晰地预判客户的需求与偏好。例如，通过关联模型和聚类模型实现关联销售与人群聚类分析，创造出了"啤酒与尿布"的经典案例。

④精准运营。打造互联网营销平台，支撑线下线上渠道开展互联网整合营销，打造线上线下的融合体验；开展针对性营销宣传，通过消息推送、短信、微信互动等方式，反复触达这些私域流量，培育流量的黏性，逐步实现流量的转化、复购、忠诚与拉新。

案例　　掌握客户数据，充分满足需求

台湾商界巨子王永庆年轻时曾经开了一家米店。每当初次去给一个顾客送米的时候，王永庆都会和对方拉拉家常，了解客户家庭情况。他有一个小本子，记录客户家里有几口人、每天吃多少米、何时发薪等信息。估计客户的米快吃完了，就送米上门；等到客户发薪了，再去讨米钱。王永庆每次送米上门时，都会帮客户把陈米倒出来，细心擦洗米缸，再把新米放下面，陈米放上面。

某工程机械商的大部分业绩来自老客户的复购，公司的经营诀窍就是运营客户数据，提前预测客户需求，定时提醒客户机器该保养了、消耗品该更换了，产品到了使用年限，以此提醒客户该复购了，并支持客户以旧换新。

案例　　丽思·卡尔顿酒店：收集客户数据，满足个性化需求

丽思·卡尔顿（The Ritz-Carlton）酒店成立于1898年，多年来一直保持70%以上的入住率，其中90%以上是回头客。

丽思·卡尔顿酒店通过强大的客户数据库收集大量客户信息，包括客户的要求及投诉。酒店根据客户消费行为中的细微信息，向客户提供细心体贴的"一对一"式个性化服务，为客户创造难忘的消费体验。

当客户第一次入住时，服务员会记录客户的住店偏好，如窗帘颜色、枕头高低、楼层、喜好的鲜花和水果等，并将这些信息录入酒店客户数据库中，全世界的各个分店都可以查到。客户下次再入住，选择任何一家分店，都会惊喜地发现一切已经按照自己的要求准备好了。丽思·卡尔顿酒店提供了超出客户期望的超值服务，给客户带来了感动和惊喜。

案例　　乐购：建立客户数据库，开展针对性营销

连锁超市乐购（Tesco）建立客户数据库，开展个性化营销，市场份额迅速回升。

乐购根据客户的购买习惯、每次采购总量、偏爱的产品类型、产品购买频率等数据信息，订制个性化的优惠券。每两个月，根据客户消费记录挑选与其最相关的10张商品优惠券，再加2张"满立减"寄给客户。

乐购曾经发现，在全部消费数据中，饼干的购买比例占3%，麦片占1%，牛奶占9%，但三者交叉购买率为13%，因此创造性地推出"早餐节"，将三者组合起来打折促销，将交叉购买率提升到30%。

乐购根据客户数据库，分析不同年龄、不同职业客户的采购偏好、产品购买频率等，根据消费习惯将客户划归13个不同的俱乐部，比如足球人群、年轻妈妈、高端人士、单身人士、老年女性等。针对这些俱乐部开展针对性营销活动，推送相应的优惠券，提供针对性服务，提高重复购买率。乐购制作不同版本的俱乐部杂志，刊登目标客户喜欢谈论的话题，选择吸引他们复购的促销信息。例如，一位女士怀孕8个月的时候，收到了乐购寄来的婴儿用品介绍。她感到很困惑，乐购怎么知道她快生宝宝了？原来，乐购从她的采购清单中发现，经期用品已经中断购买8个多月了，便将其归为年轻妈妈一类客户。

◇ 分类管理，提升客户满意度与价值贡献

1. 将客户分层分类，提供差异化服务

以服务企业为例，如果向所有客户提供相同水平的服务，努力取悦每一位客户，会有大量"基本满意"的客户，而高价值客户却得不到期望的服务。有些企业为了服务不满意的低端客户，就从高端客户身上榨取更多利润（如收费高、服务差），这会导致高端客户流失。

不同客户的盈利能力不同。所谓客户分层，就是企业按照盈利能力将客户划分为不同等级，及时掌握客户消费行为，预测客户的消费需求，针对性地满足客户期望，提升客户的满意度与认同感。例如，当客户呼叫运营商的客服热线时，系统能迅速甄别出客户的价值高低，把客户转接到不同的服务座席，提供不同等级的服务。对于高端客户，快速接通人工客服，服务时间没有限制；对于低端客户，人工客服接通慢，服务时间短，以降低成本、实现盈利。

案例　　　　　　　　　招商银行：提供个性化服务

招商银行（以下简称银行）曾制订为不同客户提供不同服务的措施。如果客户存款达到 50 万元，招行就提供"金葵花"专属贵宾室以及一对一的个性化理财设计服务。如果存款达到 300 万元，招行就提供全国漫游服务——"金葵花"贵宾登机服务、星级酒店预订和 VIP 服务、免费临时保管行李等。如果存款达到 500 万元，招行就提供高尔夫球畅打和贵宾登机服务，无须抵押和担保即可享受最高 100 万元的循环授信额度。如果存款达到 1000 万元，招行就提供完全个性化的全方位服务，包括全球秘书服务、全球旅游助理服务、全球医疗急救服务等。

> **案例**　　　　百夫长黑金卡：提供最高等级服务

百夫长黑金卡（Centurion Card），是美国运通（American Express）于1999年推出的，由于卡片是钛合金材质，卡面为黑色，所以被称为"黑金卡"或"黑卡"，是世界上最高端、最神秘的卡片，持卡人多为各国政要、亿万富豪或社会名流，由运通公司邀请办理，不接受办卡申请，年费2500美元。

黑金卡持有者可享受最高等级的服务。持卡者无论身在何处，其任何要求均会得到及时响应与协助实现。包括："有求必应"的全天尊属礼宾服务；"至臻生活礼遇"权益，会员可享受F1赛车体验、艺术节贵宾款待、全球精选的私人会所招待等；"非凡全球旅行"权益，会员可享受直升机或私人飞机租赁、机场畅行服务等，享受国际航空特惠，在多家酒店集团享受精英会员礼遇等专享服务。

2. 客户分类管理，实行差别化定价

对客户分类管理，实行差别化定价，目的是提升客户满意度与黏性，而不是追求短期利润最大化，损害客户利益。但是，不少互联网企业都曾被曝光利用大数据"杀熟"。所谓大数据"杀熟"，就是经营者利用数据、算法等技术手段，通过收集、分析交易相对方的交易信息、浏览内容及次数、交易时使用的终端设备的品牌及价值等方式，对交易条件相同的交易相对方不合理地提供不同的交易信息，侵害交易相对方的知情权、选择权、公平交易权等，扰乱市场公平交易秩序。

> **案例**　　　　互联网平台的大数据"杀熟"

有些电商平台片面追求利润最大化，把客户分为忠诚客户与价格敏感型客户等类型，实行差别化定价。对于价格敏感型客户，采取低价策略，提供

物美价廉的商品和服务；对于非价格敏感型客户，隐藏价格优惠。

有些电商平台利用大数据与AI技术预测客户的消费需求，推荐最有利可图的品牌、品类。于是，近年来有消费者发现，同一件商品，从电商APP的不同页面入口进入、从不同渠道下单，商品价格不同。例如，会员价、百亿补贴价、叠加满减优惠券的价格、新人首单专享价等，经常各不相同。

有乘客发现，国内某打车平台根据手机档次对乘客分类管理，下单乘客的手机档次越高，接单车型的舒适度可能越高，费用也越高。

客户分类管理的常用工具是优惠券。优惠券的本质是对不同客户实行差别化定价，针对不同消费能力的消费者赚取不同的利润。

案例　　　　瑞幸咖啡：通过优惠券管理客户

2017年10月，瑞幸咖啡第一家门店开业，到2019年年底，瑞幸咖啡直营门店达到4507家。瑞幸快速增长的秘密是优惠券。

瑞幸先给你发一个1.8折的咖啡券（咖啡豆很便宜，咖啡1.8折卖也不亏本），你消费之后，瑞幸再给你一张2.8折的券。如果你不使用这张2.8折券，过段时间，瑞幸又会送你一张1.8折的券。如果你使用了这张2.8折的券，瑞幸就会再给你发3.8折的券。因为等券需要耗费时间，而不同人的时间成本不同。这样一来，瑞幸通过发放优惠券和大数据分析，给每个客户贴上了1.8折、2.8折、3.8折、5折等标签。

3. 运用RFM模型，分类管理客户

RFM模型是分析客户结构、提升客户价值的经典工具，由美国数据库营销研究所的Arthur Hughes等人提出。他们发现，可以根据三个变量对客户进行分类：

①近度 R（Recency），客户最近一次消费的时间，表示客户黏性。R 值大，表示客户近期有过消费，客户价值较大；R 值小，表示客户长期没有消费，客户流失的可能性较大。R 值小的客户中，有些客户价值较高，需要激活。

②频度 F（Frequency），客户一段时间内的购买频率，表示客户忠诚度。F 值大，表示客户消费频繁，给企业带来稳定现金流，是高价值客户；F 值小，表示客户不够活跃，可能是竞争对手的常客。F 值较小、消费额较大的客户，需要将其从竞争对手手中争取过来。

③额度 M（Monetary），客户消费金额的多少，表示客户利润贡献度，可以用最近一次消费金额或者过去一段时间的平均消费金额来衡量。一般而言，每次消费金额较大的客户，支付能力强，价格敏感度低，客户价值高；每次消费金额小的客户，支付能力和支付意愿可能较低。

将每个客户的 R 值、F 值、M 值放到三维坐标系里，就形成了 RFM 模型图。每个坐标轴分为高低 2 个区间，坐标系可分为 8 个象限（2×2×2），分别表示 8 类客户：高价值客户、深耕客户、休眠客户、流失客户、潜力客户、新客户、维持客户、放任自流客户。如表 1.1 所示。例如，某客户的消费金额、消费频率、最近一次消费时间三个指标都高，那么他就是高价值客户。

表 1.1　运用 RFM 模型对客户分类管理

序号	R/近度	F/频度	M/额度	客户类型/策略
1	高	高	高	高价值客户
2	高	低	高	深耕客户
3	低	高	高	休眠客户
4	低	低	高	流失客户
5	高	高	低	潜力客户
6	高	低	低	新客户
7	低	高	低	维持客户
8	低	低	低	放任自流客户

企业可以根据客户具体情况，将每个坐标轴分为 3 个、5 个或更多个区

间，相应地将整体客户分为 27 个（3×3×3）、125（5×5×5）个或更多个细分群体。

企业可以运用 RFM 模型，将客户精确分类，提供差异化的产品、服务、定价、渠道与权益，针对性提升客户盈利水平，增加企业利润。

（1）留住高价值客户与深耕客户

高价值客户，也称高端客户，最近消费时间较近、消费金额与频次较高。这类客户对品牌忠诚，属于重度消费客户，他们通常对价格不敏感，会主动购买，可能会向其他人主动推荐，还愿意试用新产品，能给企业带来较多利润。

深耕客户的最近消费时间较近，消费金额高，但消费频次不高。这类客户对企业的忠诚度不高，但潜力大。

企业要向高价值客户和深耕客户倾斜配置资源，提供优质产品和体验，例如承诺最后期限、出现问题时迅速解决等，确保其非常满意，以维持、提升其活跃度。

例如，沃尔玛为高端客户提供更低廉的价格、更优质的产品和更完美的服务。戴尔公司仔细监控高端客户带来的利润，如果利润增加，就向其让渡部分价值如降价，以应对低价竞争者，留住高端客户。美国运通公司针对经常出门旅行的客户，与德尔塔航空公司和喜达屋酒店集团制订共享积分奖励计划，以留住这些高端客户。

案例　　史泰博：建立客户数据系统，开展针对性营销

办公用品连锁超市史泰博（Staples）建立客户数据系统收集客户消费信息，包括购买习惯、访问频率、购买金额等。公司知道每家分店的重点客户是谁，并且开展有针对性的促销活动。公司不是花钱印刷大量广告和优惠券，按地区成批邮寄出去，而是将优惠券、广告和促销活动等信息直接送达特定客户。对于那些减缓或停止消费的客户，公司予以重点关注，开展专门的促销活动，使其重新产生兴趣。

每当竞争对手的新店即将开门迎客之际，公司便通过客户数据系统将附近最有价值的100名客户的名单打印出来，给这些客户逐一打电话，强调自己的优势，介绍公司最新的促销活动，以应对竞争对手的冲击。竞争对手新店开张之后，公司通过客户数据系统跟踪重点客户的动向，判断哪些客户有离开的迹象，并制订针对性措施留住这些客户。

（2）唤醒休眠客户

所谓休眠客户，就是消费频次、金额较高，但最近消费时间较远的老客户。企业应该积极主动沟通，掌握该类客户的消费动向，向其介绍新产品、新功能以及促销活动，采取新方法提升客户体验，以唤醒这类客户。

较长时间没有消费的休眠客户，可能是正在流失的客户。客户流失是一个过程，不是一瞬间发生的。在很多行业，客户在流失过程中，他的消费量、消费金额、消费频次会逐渐减少。如果客户较长时间不来消费，那么他的主要消费活动可能已经转向了其他供应商。换句话说，客户注销账户之时，他十有八九已把钱转移到了别的银行。一旦客户注销账户，那就很难再把他们争取回来了。

因此，对于正在流失的休眠客户，企业要了解原因，采取针对性措施，尽力激活、挽留客户。常见做法是集中经验丰富的营销人员组建专门激活小组，与这些快要流失的客户加强沟通（最好是面对面沟通），倾听客户的抱怨，了解促使他们转向竞争对手的原因，有针对性地承诺改进工作，说服客户继续消费。

客户被竞争对手抢走的可能原因：

①企业的产品或服务不能满足客户的新需求，或者客户找到了一种更方便的方式来满足需求。

②竞争产品具有新功能，竞争对手快速提升服务质量，提供更好的使用体验，或者竞争对手组织了新的宣传、促销活动。

③企业没有采取最佳方式与客户沟通，比如，没有传达准确信息，没有把握好沟通频率，导致客户在有需求时不能立刻想到企业的产品。

④客户感到企业不重视、不理解自己。

案例　　　　餐馆的"1块钱吃烤鸭"活动

某餐馆开展过"1块钱吃烤鸭"的活动，会员花1块钱就能享受原价170元的烤鸭套餐（成本40元）。

这家餐馆有一百多万会员。餐馆先筛选会员，条件有三项：一年内到店消费过3次；最近半年没有到店消费；每次到店消费，桌均消费在300元以上，每次至少4个人（不会只点1只烤鸭占便宜）。根据这些条件，餐馆筛选出了4万会员，向其发送"1块钱吃烤鸭"活动信息，之后有1万人到店消费，基本都是请客吃饭的人。该活动唤醒了1万多半年多没有到店消费的顾客，在后来的3个月中，这些人平均到店消费了2~3次。

（3）挽回流失客户

消费金额高，但消费频次低、较长时间没有消费的客户，是正在流失或者已经流失的客户。

与拓展新客户相比，企业在流失的客户中赢得订单的机会要大得多。研究发现，对现有客户重复销售的成功率为60%~70%，对流失客户进行销售的成功率为20%~40%，而对潜在客户进行销售的成功率仅为5%~20%。

挽回的客户会变得更有价值。企业与挽回客户相互之间比较熟悉，客户熟悉企业的产品、服务与销售方式，企业也了解客户的消费行为，能提供有针对性的服务。研究发现：每投入1元挽回客户，会获得2元的回报。多家航空公司发现，通过改进服务挽回的客户会变得更加忠诚——更多地乘坐该公司的航班。美国美信银行（MBNA）给停止使用信用卡的客户打电话进行挽回，挽回的客户中有1/3比以前的消费水平提高了。

对于流失客户，简单而有效的挽回方法是主动沟通，争取面对面沟通（如登门拜访），了解客户流失的原因，收集客户反馈的问题，消除误会，及时完善产品、改善服务及开发新产品,并告知客户。

(4)减少低价值客户

消费金额低、较长时间没有消费的客户,属于低价值客户。这些客户的利润贡献少而交易成本高,价值较低。这些客户要么不需要企业的产品,要么是问题客户,向他人抱怨,消耗企业的资源。

对待这类客户,既要提高其价值,又要谨慎对待,防止他们制造负面口碑。

提高这类客户价值的方法,一是提高价格,将免费服务变为收费服务,这样一来,真正的低值客户不会付费,会流失掉,而其他客户会选择留下,他们增加了企业利润,成为普通客户;二是降低成本费用,比如用线上服务、机器服务(如ATM机)代替人工服务,减少服务分支机构的数量,防止滥用客户优惠。

有一类客户对价格很敏感,他们永不满足,经常抱怨,总是提出过多的服务要求,服务成本比其他客户高得多。例如,购买一件衣服,穿几天之后又退货;购买电子书在几天内读完了,要求退款。2007年,美国通信运营商斯普林特公司(Sprint)就注销了1000多名涉嫌欺诈的客户账号,因为这些客户经常给公司致电,声称服务糟糕,以此要挟公司打折或免单。

4 原理四
客户经营的基础——打造客户忠诚，培育私域流量

只有忠诚的流量，

才是真正的私域流量。

忠诚还是背叛，

取决于转换收益与转换成本的对比。

◇ 忠诚的前提与表现

1. 忠诚的前提——满意

客户满意是一种心理感觉，是客户消费品牌后产生的价值认同感与心理满足感。客户忠诚是一种情感，就是对满意的品牌真心诚意、不离不弃，表现为持续消费甚至为品牌说好话。

美国贝恩公司（Bain & Company）调查发现，表示满意的顾客，有 65%～85% 会转向其他品牌。在竞争性行业中，客户满意与忠诚之间并不是简单的线性关系。通常情况下，当客户处于满意层面时，忠诚度并不高。当产品质量或服务体验处于社会平均水平时，客户对产品或服务没有特别的感觉，这种情况下，客户满意度的提高，并不能提高客户忠诚度，这就是所谓的"客户满意度陷阱"。随着满意度提高到一定水平，客户忠诚度才会提高；当客户非常满意时，客户忠诚度会迅速升高，如图 1.4 所示。

```
         客户忠诚度
            ▲
            |                          ___
            |                         /
            |_____/
            |<—— 客户满意度陷阱 ——>|        客户满意度
            └─────────────────────────────────→
```

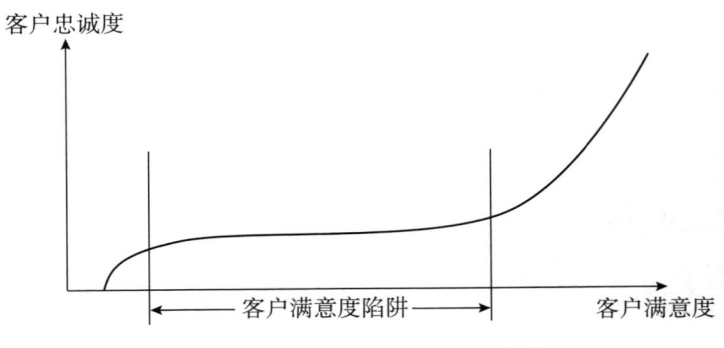

图1.4 客户满意度与客户忠诚度的关系

因此,客户满意并不能产生忠诚,客户非常满意才能产生忠诚。客户满意是客户忠诚的前提条件,如果客户满意度不高,就别指望客户忠诚。企业要想培育客户忠诚,让客户复购并为自己说好话,就要让客户非常满意,比如可以用"客户非常满意率"替换"客户满意率"作为客服工作的考核指标。

2. 忠诚的表现——养成习惯,情感忠诚

客户忠诚,就是客户对品牌形成偏好,既表现为养成习惯,包括持续使用、重复购买、购买更多(数量与品类)、难以转向竞争对手等,又表现为情感忠诚,包括产生依赖感、形成正面态度与情感纽带、向他人推荐等。

(1)养成习惯

心理学家指出,习惯是一种在情境暗示下产生的无意识行为,是人们几乎不假思索就做出的举动。神经科学家指出,人脑中存在一个负责无意识行为的基底神经节,那些无意中产生的条件反射会以习惯的形式储存在基底神经节中,使人们可以腾出精力来关注其他事物。当面对问题时,大脑不是主动思考该怎么反应,而是走捷径——迅速从行为储存库里提取出相宜的对策,这就是习惯的养成过程。

据统计,人类将近一半的日常行为都是习惯。一旦长期频繁地使用某产品,人们就会养成习惯。QWERTY键盘问世于19世纪70年代,最初是用在打字机上。在这种键盘上,常用字符被分隔开来,以防止打字机连动杆在打字时卡住。现在,这种操作障碍早已不复存在,但这种键盘还在流行,就是由于习惯的力量。转而使用一种新键盘，虽然能提高工作效率，但人们需要改变习惯——重新学习打字。

养成习惯很重要。有研究表明，大多数消费者需要经过 3~5 次购买才能养成习惯。2019 年，社交营销分析公司 Yotpo 对 2100 名消费者的调查发现，重复购买一两次并不能养成习惯，37% 的消费者认为需要至少 5 次购买才能习惯一个品牌。因此，先让客户试用起来很关键，要让客户先试用 3~5 次。2014 年年初的国内市场上，打车软件对乘客疯狂补贴，甚至出现乘客打车不用付钱、还能赚钱的怪现象，出租车司机也和乘客一样，在不同打车软件之间频繁跳槽，哪款软件更有利可图就用哪款。还有司机与乘客合谋，重复套取补贴。通过大肆"烧钱"，快的与滴滴等迅速发展了数千万的客户，有些客户就此养成了使用打车软件的习惯。

培育品牌忠诚是一项长期而艰巨的任务，需要花费大量时间了解需求、持续优化产品与服务。乐视、瑞幸咖啡、打车软件等通过"烧钱"迅速获得了大量客户，有些客户甚至养成了消费习惯，却难以形成情感忠诚，这蕴含着极大的风险。

（2）情感忠诚

与品牌具有情感纽带的客户，忠诚度更高。研究表明，对品牌具有情感认同的客户，购买次数更多，消费金额更多，更有可能将品牌推荐给他人。

客户忠诚与企业品牌形象、产品、服务以及消费体验等因素有关。2019 年，Yotpo 公司调研美国消费者对品牌忠诚的主要驱动因素。消费者对问题"是什么让你对品牌忠诚？"的回答情况是：78% 的人选择"产品"，63% 的人选择"价格"，26% 的人选择"客户服务"，22% 的人选择"忠诚度计划"，17% 的人选择"消费经验"，9% 的人选择"与慈善相关"，4% 的人选择"广告宣传"，2% 的人选择"其他"。可见，影响品牌忠诚的因素很多。

◇ 忠诚的本质——转换成本与收益的对比

消费者对一个品牌是忠诚还是背叛，背后的根本原因是什么呢？

其实，无论是消费者转换品牌和产品，还是职场人跳槽换工作，都取决于转换成本与转换收益的对比。转换成本就是客户转向新品牌所付出的代价；转换收益就是客户转向新品牌所获得的好处，等于新老品牌给客户的感知价值之差。所谓忠诚，就是转换收益小于转换成本，事倍功半，得不偿失，所以就保持现状、不折腾；所谓背叛，就是转换收益大于转换成本，事半功倍，所以就与时俱进、择优而选。

忠诚：转换收益＜转换成本
背叛：转换收益＞转换成本
转换收益＝新品牌感知价值－老品牌感知价值

可见，对企业（老品牌）而言，要提高客户忠诚度，有两个方法：一是提高客户的感知价值，降低客户的转换收益；二是提高客户的转换成本。

提高客户的感知价值，参见"原理三"的相关内容。

转换成本分为四类：经济损失、情感损失、学习成本以及沉淀价值。

①经济损失。客户转向新品牌后通常会遭受经济损失，包括失去原有会员权益、产生额外支出、专用资产失效等。

②情感损失。客户转向新品牌通常会遭受情感或心理方面的损失，包括品牌形象损失（失去与老品牌的关联）、人际关系损失（与原企业的有关人员熟悉，能享受优质服务，新企业无法提供）等。

③学习成本。使用习惯让产品拥有众多的忠诚客户。对于较复杂的产品或工具性产品，人们一旦熟悉了就倾向于继续使用，难以转向其他产品，例如办公软件Office、专业设计软件Adobe Photoshop等，人们已经熟悉老产品的功能与操作，转而使用其他产品会增加认知负担。

客户放弃老品牌、转向新品牌时，不仅要花费时间与精力进行信息搜寻、评估比较，而且要学习新产品新功能的使用方法与技巧。改变自己的习惯，还可能要冒一些风险，如新产品性能低于预期、使用不方便等。如果适应了华为手机，再转用其他手机，重新适应的学习成本很高，手机、电脑、平板之间的无缝连接和资料共享的体验会下降，还有很多数据储存在云端不方便使用。

④沉淀价值。客户使用产品的时间越长，产品的价值就越大，这就是老产品具有的沉淀价值。例如，电子邮箱、移动通信、网上购物、社交媒体等服务都与人们的日常工作、生活紧密相关，沉淀价值较大，如果人们更换服务商，就会给自己带来很多麻烦。

沉淀价值主要表现为数据资料与关注者。

客户使用产品时，会收集或创建一些数据资料，例如电子邮件、手机通信录、笔记、音乐以及图片等。客户使用产品的时间越长，生成的数据资料越多，产品对客户就越有价值，客户就越难以放弃该产品。例如，Gmail 可以永久保留客户的历史邮件，Google 可以根据客户的搜索历史来提高搜索效率，客户使用频率越高，搜索速度就越快，搜索体验就越好。

用户在 Instagram 上发的图片越多，关注的人越多，Instagram 对他的价值就越大。云服务的用户可以跨设备移动办公，把电脑上的资料自动同步到云上，如果用户在云上储存的资料较多，转换服务商的成本就较高。用户使用印象笔记的时间越长，在软件里面存储的信息越多，他经常查看笔记、添加新内容的可能性就越大，他继续使用的可能性就越大。

人们在微博上发信息，会吸引关注者。博主提供的内容质量越高，吸引到的关注者就越多，关注者关注频率就越高。读者浏览微博的时间越长，越容易找到自己喜欢的博主。对博主和读者而言，使用该服务的时间越长、越频繁，服务的价值就越高，而改换服务意味着一切重新开始，要放弃自己长期的时间与精力投入。

◇ 忠诚的效应——客户保有时间越长，利润越高

俗话说"家有一老，如有一宝"，这同样适用于企业的客户，老客户通常是忠诚客户、高价值客户。忠诚客户往往购买更多东西，购买得更加频繁，企业在其身上花费的成本费用更低，他们贡献的利润更多。有研究发现，90%

的利润来自老客户的复购与推荐。

所谓客户忠诚效应，是指客户保有时间越长，对企业的利润贡献越大。以服务企业为例，由于老客户的消费水平比较高，熟悉企业业务，节约企业成本费用；由于企业效益较好，员工报酬就较高，这使员工感到自豪，工作热情高，离职率低，员工能提供更好的服务；客户感觉满意，消费金额更大，并向潜在客户宣传推荐。这样一来，企业经营活动就形成了正向增强回路，利润率会维持在较高水平。

客户忠诚效应的要素，如图1.5所示。

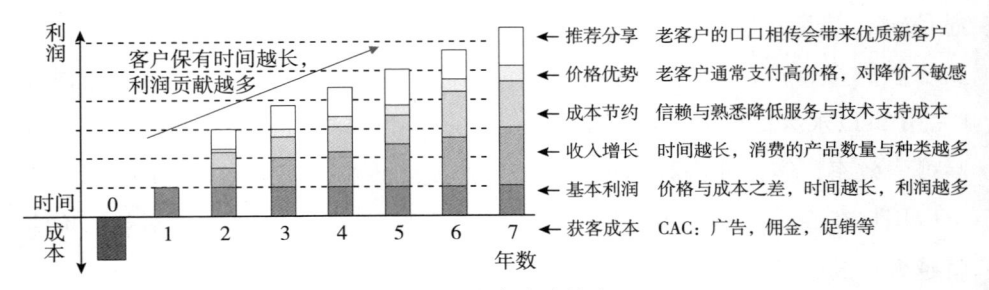

图1.5 客户忠诚效应

① 获客成本CAC。如"原理一"所述，获客成本CAC包括广告宣传费用、渠道佣金、促销费用等。

获客成本越高，客户流失造成的损失就越大。贝恩公司合伙人弗雷德·赖克哈尔德（Fred Reichheld）在《忠诚的价值》一书中介绍了一项研究成果：在许多服务行业，客户保有率提高5%，客户利润会增长25%~100%，这主要是因为客户首次购买时企业需要付出获客成本，而重复购买几乎没有获客成本。

② 基本利润APPU。客户支付的价格与企业成本的差额就是基本利润。企业留住客户的时间越长，获得的基本利润也越多。

基本利润的计算：

客均收入（客单价），ARPU，Average Revenue Per User。

客均费用，AEPU，Average Expense Per User。

基本利润，APPU，Average Profit Per User，每客户贡献的基本利润。

AEPU＝CAC＋维系成本＋人工成本，由于维系成本、人工成本是不变成本，不与每次特定交易相关，可以不考虑。所以，AEPU≈CAC，APPU＝ARPU－AEPU≈ARPU－CAC。

可见，基本利润是客均收入与获客成本之差。

③收入增长。在大多数行业，客户的消费水平会随时间而增长，这表现为连带消费与消费升级，客户对企业的产品或服务越来越熟悉，消费量、消费金额会逐渐提高——客户购买的产品种类增加，并且从购买低价产品转向购买高价产品。

④成本节约。留住老客户的成本远低于拓展新客户的成本。研究发现，维系一个老客户的成本是吸引一个新客户成本的 1/5。一方面，老客户了解企业的产品或服务，企业不需要花力气让其熟悉产品，老客户也知道怎么购买，已经形成心理预期，这在客户参与度较高的服务行业尤其重要；另一方面，企业可以减少新产品开发、采购量预测等方面的不确定性，从而降低研发费用与存货成本。

例如，软件公司服务老客户的费用很低，因为老客户经常使用软件，很少需要帮助，打给客服中心的电话大部分来自新客户；汽车 4S 店服务老客户的费用很低，因为 4S 店熟悉客户的汽车及其历史修理情况，客户也会事先打电话预约服务，在时间安排上比较灵活。

⑤价格优势。忠诚会降低价格影响力。客户对品牌越忠诚，对价格的敏感度就越低，价格对客户购买欲望的影响就越小。

在大多数行业，老客户支付的价格通常比新客户高，因为促销折扣政策通常只针对新客户。有研究发现，老客户的购物清单里，降价处理品的比例通常低于平均水平，老客户也不像新客户那样爱用优惠券，老客户对新产品的价格敏感度也较低。

⑥口碑推荐。老客户愿意为企业说好话，向新客户宣传推荐。Yotpo 公司调查发现，如果忠诚于某品牌，60% 的消费者愿意向他人推荐。

◇ 客户忠诚的衡量指标

衡量客户忠诚度的常用指标有三个。

1. 客户保有期

客户保有期，又称客户生命周期、保有时间、保留时间、使用期限、在网时长等，指客户消费某品牌产品或服务的时间长度。保有期越长，客户对品牌的依赖性越强，忠诚度越高。

2. 客户保有率

客户保有率，又称客户留存率、保持率、复购率。保有率越高，客户忠诚度越高。

客户保有率的相对指标是客户流失率。比如，客户保有率是 90%，那么客户流失率就是 10%。

值得注意的是，时间单位不同，指标的数值差异较大，甚至会让人产生错觉。例如，周客户保有率是 99%，折合为年保有率仅为 60%。82% 的年保有率，4 年后仅为 45%；95% 的年保有率，10 年之后仅为 60%。

3. 客户消费份额

在有些行业，客户保有期、客户保有率等指标无法准确反映客户忠诚度。客户现实的消费行为通常是逐渐增加或减少对某品牌的消费，例如，一位客户不可能突然不再去小区附近的某家超市，一家企业不大可能与某家供货商立即一刀两断。

客户消费份额，又称钱包份额（Share of Wallet），指客户购买本品牌商品占购买同品类商品的比重。例如，保险公司希望获得更多的"保险份额"，银行希望获得更多的"存款份额"，航空公司希望获得更多的"机票份额"，超市希望获得更多的"生活消费份额"，餐馆希望获得更多的"外出就餐份额"。

有时候，计算客户消费份额比较困难，一个简易的替代指标是增量客户

（高迁客户）、减量客户（低迁客户）。增量客户是指现有客户中购买量增加的客户，减量客户是指现有客户中购买量减少的客户。高迁率即高迁（增量）客户占比，即消费量高于以前的客户所占比例；相对的是低迁率，即低迁（减量）客户占比。

客户时间份额也是一个常用概念。一个人的时间有限，他在这项服务上花费时间较多，就没有时间消费其他服务了，很多服务都是在抢夺客户的时间。奈飞（Netflix）创始人里德·哈斯廷斯（Reed Hastings）说过，奈飞的竞争对手不是某个电视台，所有占用人们时间的企业，包括游戏公司、影视公司、出版公司、脸书、推特等，都是奈飞的竞争对手。

5 原理五
客户经营的核心——让客户口碑推荐，实现社交裂变

让客户向他人宣传推荐，通过人际影响拉来新客户，
这是客户经营的核心任务。

◇ 人际传播成为主流传播方式

1. 信息传播模式的演变

传统媒体是中心化媒体，少数主流媒体（报刊、广播、电视等）一统天下，信息传播模式是星状结构，企业的营销模式是"高举高打"，只要在中心化媒体如电视台投放广告，就能够打造品牌知名度，占领市场。例如，秦池成为"央视标王"后，一夜之间就家喻户晓。

互联网媒体（门户网站、搜索引擎等）出现后，传统媒体依然重要，社会进入混合媒体时代，信息传播模式转变为树状结构，大众人群开始分化，注意力逐渐分散，企业需要将传统媒体与互联网媒体组合起来，以高频、碎片化的方式触达消费者。

数字时代，媒体趋于多元化、内容化、个性化，传播呈现出一种开放、共享、双向互动的趋势，大众传播失效了，让位于小众传播、个体传播，口碑成为重要传播方式。以前，人与人之间口口相传的衰减率很高；今天，人际传播的效率大大提高了。数字时代的信息传播模式是多中心的网状结构，

传播效率远远高于传统的星状结构与树状结构。

信息传播模式的演变如图 1.6 所示。

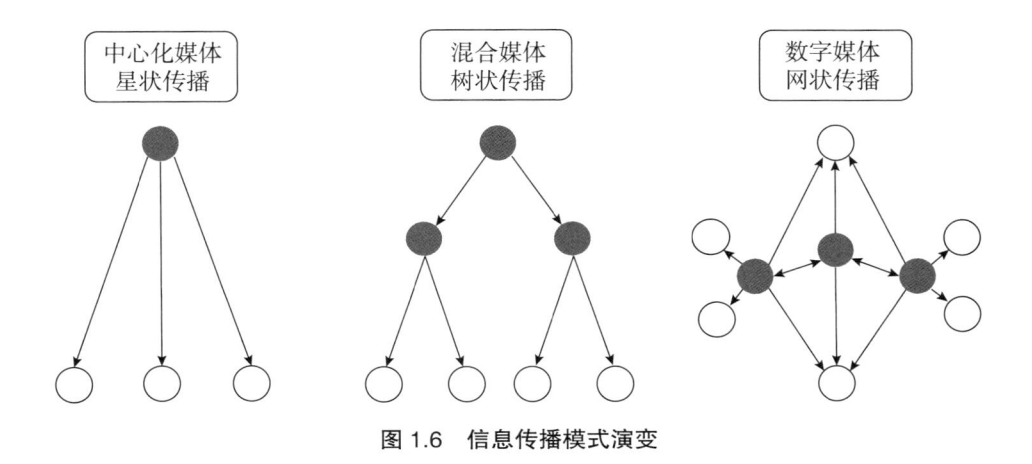

图 1.6　信息传播模式演变

2. 人们相信人际传播

消费者不仅仅是购买者。很多消费者愿意表达自己的好恶，向别人提出消费建议。企业应抓住机会，让消费者成为最强大的销售力量。

市场调查公司尼尔森研究发现：92% 的人相信朋友和家人的推荐，70% 的人相信网上客户评论，58% 的人相信报刊杂志及品牌网站上的内容。

综合尼尔森等机构的研究发现，人们对不同来源的信息的信任度不同，由高到低的排名情况是：朋友推荐、网上评论、软文、品牌官网、订阅邮件、电视广告、品牌赞助、杂志广告、户外广告、报纸广告、电台广告、电影放映前广告、电视节目植入广告、搜索引擎广告、在线视频广告、社交媒体广告、网站横幅、手机短信。

被誉为"现代营销学之父"的菲利普·科特勒（Philip Kotler）指出，我们现在所处的时代中，最重要的是 F-factors，对应几个 F——Families、Friends、Fans、Follows，其中你的家人、朋友和你关注的人，最能影响你的观点和信任度。

今天，能进入消费者大脑的是那些来源可靠的人际推荐信息，原因如下。

第一，人们容易相信人格化媒体传播的信息，因为朋友与陌生人讲述的是自己的亲身经历或者间接体验。

第二，在朋友圈子中宣传推荐时，人们会比较慎重，防止让朋友觉得自己不可靠。只有在对某品牌非常满意（或者非常不满意）的情况下，人们才会将自己的特殊经历主动告诉别人，相信这能给朋友们带来价值，而不是在给品牌做宣传。

第三，网友之间没有利益瓜葛，人们认为陌生人的意见是客观的、中立的，值得相信。

◇ 口碑营销时代来临

1. 口碑营销的本质

商业活动包括创造价值与传递价值两个方面。在传统商业活动中，传递价值的成本（即交易成本）非常高。如果能够通过人际信任关系来传递价值，就能够大大降低交易成本。

口碑营销，就是利用人际传播实现营销宣传和产品销售，让客户主动向别人谈论、推荐产品，通过"人传人"实现自动增长，如图1.7所示。口碑营销的实质，就是利用人际信任关系来降低交易成本，让客户成为企业的信息传播者和产品销售者，而不用花费营销宣传费用与渠道佣金。

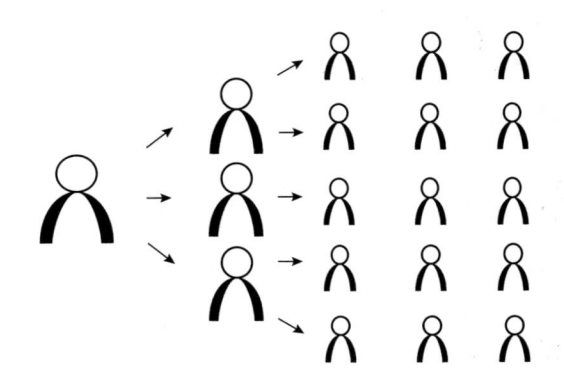

图 1.7 口碑营销示意

今天，企业最重要的营销资源不是媒体广告，也不是渠道经销系统，而是每一个客户的分享和口碑的力量，企业面临的最大挑战是怎样让客户为自己说好话。

客户是优秀的销售人员。与广告代理商或拿佣金的销售员相比，客户更清楚企业产品的优点和缺点。由于"物以类聚、人以群分"的缘故，老客户介绍来的新客户可能觉得产品正合心意。与那些被广告或价格优惠吸引来的潜在客户相比，老客户推荐来的新客户在购买前就对品牌建立了一定的信任，他们接受新产品的门槛较低，成交概率较高；他们更容易成为忠诚客户并去主动向其他新客户推荐。

2. 口碑营销的平台多种多样

人群在哪里，就在哪里开展营销。目前，口碑营销的平台非常多，例如微博、微信、抖音、快手、淘宝、B站、知乎、小红书等。这些平台可以分为三类。

一是社交平台，包括微信、微博、QQ等，适合做产品推广，具体做法包括熟人推荐、内容推送、发布产品测评等。

二是内容平台，包括抖音、快手、B站、知乎、豆瓣、小红书等，适合做品牌宣传，具体做法包括内容推荐、发布产品测评等。直播和短视频平台的内容丰富，能够贴合消费者心态，有可能引发爆炸性传播。

三是电商平台，包括淘宝、拼多多、京东、唯品会等，适合做促销，具体做法包括电商直播、拼团、智能推荐等。传统电商平台的覆盖面广，转化手段多种多样。

当前，主流的口碑营销平台各有特点。

①微博：开放平台，围观性强，传播面广；拥有大量优质内容，与阿里平台对接实现流量变现，适宜制造话题、快速引发广泛传播。

②微信：互动性强，精准度高，环境相对封闭，适合培育私域流量、精细化运营客户社群；支付体系完整，小程序功能便于开展合作，适宜开展社交电商。

③抖音：短视频娱乐平台，内容有趣、潮酷、年轻化，节奏快，适宜开展宣传推荐、展示新奇商品。

④小红书：打造内容＋社区＋社交的商业生态，意见领袖影响力背书，适宜品牌宣传与内容营销。当前，很多女明星在小红书上分享笔记，平台用户主要是一二线城市的年轻女性，商品主要是美妆和时尚类。

3. 适宜口碑营销的产品

产品好、体验好是开展口碑营销的前提。口碑营销相当于把产品放到放大镜下面，让一群用户来交互式地评价、反馈，这会放大产品的缺点。如果产品不过硬，就会对品牌造成负面影响。

适宜口碑营销的产品，有以下几类。

①目标客户明确、代表消费升级趋势的创新产品，人们愿意尝鲜并谈论和推荐。例如，近年来风靡市场的自热火锅——自带发热包的"一人食"火锅，面向"懒、宅、独"的"Z世代"人群，加热十几分钟即可食用，方便快捷，一上市就得到明星"大V"的推崇，在青年群体中迅速走红。

②卖点突出、定位清晰的产品。口碑推荐是社群化、圈层化的营销活动，产品要准确瞄准目标客户的痛点，通过功能或者情感利益上的卖点予以强烈刺激。

③满足情感与精神需求的产品，提供愉悦的消费体验，或者符合流行文化。例如，盲盒是潮玩文化下年轻人的新玩具；钟薛高改良雪糕口味，打造极致口感与健康标签。

④需要长期消费、销售人员介入程度较深的产品。例如保险代理，有些保险经纪人通过老客户接触到大部分新客户。

⑤购买风险较高、价格昂贵、技术复杂的产品。购买这类产品时，消费者通常要花费较多时间，征求他人意见，以做出正确决策。例如，在汽车销售行业，获取新客户的主要途径就是客户推荐，例如雷克萨斯品牌获得新客户的过程。对于购买风险小、客户接受门槛低的产品，比如低价产品，口碑就不是那么重要，需要采用其他适宜的营销方式。

◇ 通过内容营销与社群营销，实现社交裂变

1. 宣传推荐的方式：内容营销

本书"原理二"指出，数字时代的消费行为模型是"兴趣—购买—忠诚—推荐"，其中，消费者主动进行宣传推荐是核心环节。这与传统的消费行为截然不同，后者是通过广告向消费者强行灌输营销信息。

消费者宣传推荐的主要媒介是内容，即通过网络文章、帖子、短视频和直播等内容将商品信息融入真实、生动的使用场景中，激发潜在消费者的需求，带来增量市场。

有网友将这种文章称为"种草文"，将这种行为称为"种草"。新消费者看了内容后被触动，去主动搜索、了解品牌产品并产生兴趣（即"被种草"或"长草"），然后去电商平台下单购买，满足自己的欲望（即"拔草"）。客户消费后如果非常满意，就会对品牌产生忠诚情感（即"育种"）。在品牌的鼓励与刺激下，忠诚的客户主动向他人宣传推荐（新一轮"种草"）。这就形成了"宣传推荐（种草）—激发兴趣（长草）—购买（拔草）—培育忠诚（育种）—宣传推荐（种草）"的正向增强回路。

现在，很多明星、名人、网红、达人以及普通网民，经常在社交平台上发布植入营销信息的内容，包括各种文章、帖子、视频、直播等，来宣传推荐品牌或产品，粉丝、观众受到内容影响而产生兴趣，就会购买。

2. 年轻人习惯网上内容营销

2017年，埃森哲对4060位中国消费者的消费行为研究发现：87%的消费者愿意和别人分享购物体验或者发表评论。分享自己购物体验的前三种方式是：63%的消费者是直接分享（如口述、电话、微信等），55%的消费者是在社交媒体中分享（如微信朋友圈、微博等），30%的消费者在购物网站晒单或发表评论。2018年4月，艾瑞咨询公司调查中国"95后"的分享方式，发现："95后"的资讯分享意愿较高，其中，41.8%的人会向亲友推荐好用的品牌，36%的人会向亲友转发有用的资讯，33.2%的人会教长辈如何使用APP，

29%的人会将好玩的潮品推荐给亲友。

"Z世代"成长于社交媒体高度发达的环境，喜欢在网上发表观点、获得信息，很多年轻人甚至习惯购物前先上社交媒体浏览相关的种草文。根据Quest Mobile在2020年3月的调查，中国"90后""95后"消费者的购买路径，第一步就是在网上寻找相关种草文，尤其是年轻女性消费者，她们喜欢在抖音、快手、B站、微博、小红书、知乎等社交平台看大量的内容，了解商品信息。

3. 社交电商方兴未艾

社交电商兴起的背景是消费者的社群化、圈层化，人与人的信任关系在某种程度上替代（或者补充）了人对品牌的信任关系，品牌与人之间冰冷的客户关系转变为"粉丝""好友"或"老铁"等半熟悉关系，个性化顾问式导购服务替代了传统的销售人员推销与促销活动。网红、导购、微商、达人等通常都是所在社群的意见领袖，他们与社群成员（粉丝）具有一定的情感纽带，成员相信他们，愿意受其影响；他们对社群成员（粉丝）有深入洞察，能够基于成员的消费力、性格、喜好等提供个性化导购服务，将适合的商品精准推荐给自己的粉丝。

◇ 社交推荐的衡量指标：净推荐值（NPS）

1. 净推荐值简介

弗雷德·赖克哈尔德提出了净推荐值（Net Promoter Score，NPS）这一概念，用来衡量客户口碑的效果——客户将品牌及其产品或服务推荐给他人的意愿强弱与可能性的大小，又称为口碑指数、客户净推荐率。

测量净推荐值的方法十分简单。请客户回答"您有多大意愿向朋友或同事推荐某品牌的产品或服务？"并在0~10的区间内打分，0代表"根本不想推荐"，5代表中性观点，10代表"非常愿意推荐"。根据打分情况，可将客户分为三类，如图1.8所示。

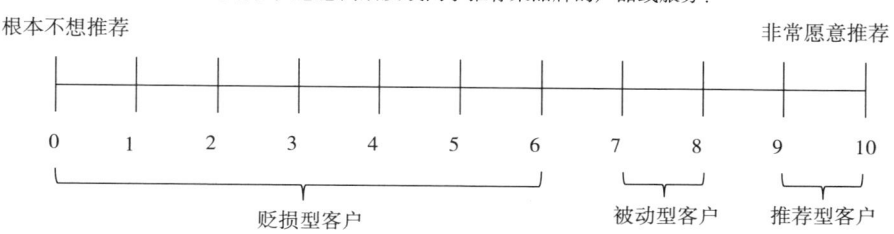

您有多大意愿向朋友或同事推荐某品牌的产品或服务？

根本不想推荐　　　　　　　　　　　　　　　　　　　　　非常愿意推荐

0　1　2　3　4　5　6　7　8　9　10

贬损型客户　　　　　被动型客户　推荐型客户

图1.8　净推荐值测量示意

①贬损型客户。打0~6分，不满意，没有忠诚度，甚至传播负面口碑。80%~90%的负面口碑来自贬损型客户。

②被动型客户。打7~8分，消极满意，他们对企业还算满意，但并不热心，持无所谓的态度，多数人不会做宣传，一旦遇到更好的产品，他们就会离开。

一般情况下，大部分客户都是贬损型客户或被动型客户。

③推荐型客户。打9~10分，非常满意，他们相信从企业获得了价值，对品牌忠诚，会重复购买，并且推荐朋友来购买。80%~90%的正面口碑来源于推荐型客户。

用推荐型客户占比减去贬损型客户占比，就得出了净推荐值。

净推荐值NPS = 推荐型客户占比 - 贬损型客户占比

根据贝恩公司的测量，美国普通企业的NPS大约为5%~10%，优秀企业如开市客、亚马逊、eBay、先锋集团和戴尔，NPS可以达到50%~80%，有些垄断性行业的企业如银行、航空公司，NPS是负值，甚至达到-40%。

NPS与企业价值具有密切关系。2020年，倍比拓（beBit）管理咨询公司调查了中国部分商业银行的净推荐值。调查发现，国内银行的NPS均值为23.4%，招商银行达44%。倍比拓对国内上市银行的NPS与市净率、CAGR（复合年增长率）进行回归分析发现：NPS与市净率的相关系数为0.4（即在引发市净率变化的因素中，NPS的重要性占据40%），NPS与CAGR的相关系数为0.5。

2. 提升 NPS，让客户为你说好话

根据美国消费者事务局（Office of Consumer Affairs，OCA）等机构的研究，熟人的正面评价、陌生人的负面评价，对消费者的影响较大，至少 5 个正面评价才能抵消一个负面评价的影响。一个不满意的客户会将其糟糕经历告诉 10~20 个人，而一位满意的客户会将自己的良好体验告诉 5 个人；有 65%~85% 的人想分享他们的糟糕经历，以警示其他人；在网上看到其他客户给公司差评，60% 的网购者会停止购买。

亚马逊 CEO 贝佐斯说过："如果你在现实世界中让 1 位客户不满，他会告诉 6 个朋友；如果你在互联网上让 1 位客户不满，他会告诉 6000 个朋友。"有些企业不愿意建微信群让客户聚在一起，因为负面情绪的感染力很强，一个客户的抱怨会影响一群客户。

好事不出门，坏事传千里。如果企业的贬损型客户较多，不满意客户的批评和抱怨会损害品牌形象，阻止新客户进入，企业就只能通过广告宣传、渠道经销、促销活动或收购兼并来实现增长，陷入传统经营模式的窘境。

如果企业的推荐型客户比较多，NPS 比较高，企业的社会形象好，那么企业在获取新客户、保留老客户方面的花费就较少，利润水平就较高，并且能持续健康成长。

客户经营的核心任务，就是提升 NPS，既要尽力增加推荐型客户，又要尽力减少贬损型客户，消除负面口碑，让尽可能多的客户为品牌说好话。

忠诚篇

客户经营的基础：打造客户忠诚，培育私域流量

客户经营
培育私域流量与社交裂变
制胜存量竞争时代

打造客户忠诚，就是提高客户的转换成本，将客户培养成回头客，成为真正的"私域"流量。

培育客户忠诚的前提是为客户创造价值。为客户创造价值的一般方法，参见"原理三"。所谓忠诚，就是转换收益小于转换成本。培育客户忠诚的各种方法，要么是提高客户的转换成本，要么是降低客户的转换收益。

笔者跟踪研究了国内外领先企业的实践经验，系统总结了提高客户转换成本、降低客户转换收益的各种方法，将它们归纳为六招，如图2.1所示。

这六招可以单独使用，但组合起来能发挥最优效果，例如，构建会员制与运营客户社群协同开展，就能产生"1+1>2"的效果。

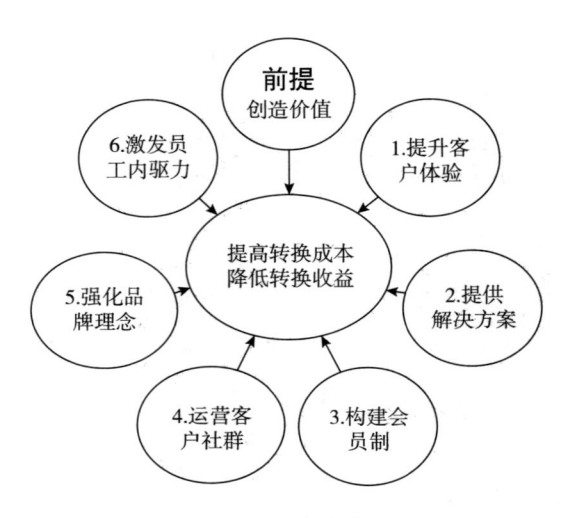

图2.1 培育客户忠诚的方法

1 忠诚第一招
提升客户体验

数字时代是客户体验时代。
良好的客户体验能提高客户感知价值与转换成本，
将客户变成私域流量。

当前，市场竞争越来越激烈，大部分企业的技术水平差别不大，商业模式类似，产品功能与服务水平也大同小异，提升客户体验成为差异化的重要手段。

所谓客户体验，就是客户在消费全过程中感受到的便利性与舒适度。乔布斯说："体验是对客户需求的完整交付。"产品与服务所能满足的需求是有限的，而客户体验可以形成深远的记忆，形成与竞争对手的差异化。

企业要全面理解市场趋势与客户需求，不断改进产品与服务，将客户体验融入企业发展战略、产品设计与服务流程中，全方位提升企业与客户的各个触点的全流程互动设计（包括终端互动界面、场景、店面等），打造无缝综合客户体验，通过客户体验形成竞争优势。

电商企业重视客户体验工作。2020年4月，网易对电商客户的使用习惯、需求和满意度等进行调研，发布了《2020电商客户服务体验报告》。报告指出，消费者的服务体验会显著影响他们的品牌偏好和购买决策。一般情况下，消费者对某款产品购买意愿的影响因素中，价格占64.5%，服务体验占61.4%，商品详情页的信息占 55.9%，朋友推荐占 48.7%，客服适时推荐占 25%，广告占 19.3%。可见，价格与服务体验是影响消费者购买意愿的主要因素。

国内的商业银行中，招商银行、平安银行比较重视客户体验，发展速度一直处于行业领先水平。招商银行行长田惠宇说过："我们把提升客户体验工作上升到前所未有的高度，无论零售金融还是公司金融，都建立了客户体验监测体系，实时感受客户的感受，并快速反馈改进。我们要搭建强大的数字化业务中台，力求以智能化方式向在线客户服务平台和一线客户经理赋能，从根本上提升客户体验。"

消费者每接受一次良好体验，对下一次体验的期望就会提高。你在拼多多的一次非凡体验，比如几元钱的商品都提供包邮服务，很多商品还提供退货包运费服务，这将成为你下次在淘宝、京东购物时的期望。你在某个行业中的非凡体验也将提高你对其他行业的期望，即使行业间的成本结构和科技水平可能大不相同。例如，如果奔驰和雷克萨斯都推出代用车服务，让消费者在汽车维修期间暂时使用代用车，那么消费者可能期待手机厂商也提供类似服务。

领先企业的服务创新会抬高全社会的体验门槛。客户习惯于期待更好的服务，假如某企业没有提供，他们可能会在社交媒体上公开表示不满，并转向能够提供更好的服务的企业。不久，消费者对于所有商家的服务都会有相同的期望。各行各业的企业互相竞争，不断提高产品和服务的品质，满足不断升级的客户期望，这样一来，全社会的服务体验水平就得到持续提升。

提升客户体验没有捷径，基本方法就是与客户高效沟通，持续收集客户的反馈与投诉，不断解决客户问题，不断弥补体验短板，通过提升客户体验促进销售转化，将客户培养成回头客。

◇ 积极应对投诉，收集客户反馈

客户投诉，通常是由于客户对产品或服务的体验低于预期而产生了不满、恼怒等负面情绪，他们把不满告诉企业，想获得企业的道歉与改进承诺。

案例 孩子王：聆听客户声音

2009年，母婴零售服务商"孩子王"成立。创始人汪建国坚持每周举办一次妈妈客户座谈会，收集客户的各种抱怨。

有位妈妈说，她一个人在家带孩子，外面声音大都有点害怕，而"孩子王"派一个大男人来送货。她处于哺乳期，衣着宽松，一个大男人站在门口，她很尴尬，感到不知所措。

汪建国发现这是妈妈们普遍担心的问题。于是，"孩子王"就在每个小区找一个妈妈，由她送货上门。她不仅送货，还与妈妈客户唠家常、讨论育儿话题。这样一来，"孩子王"与客户就亲近了。

1. 大多数客户不愿意投诉

大多数不满的客户不愿向企业投诉，因为他感觉得不偿失。在面对面的服务项目中，客户担心批评会让服务人员尴尬、不愉快。有些客户不知道该到哪儿投诉，还有些客户认为投诉毫无用处。

美国消费者事务局（OCA）研究发现，在大多数服务行业，面对劣质服务，只有不到1/3的不满意客户会向服务商投诉，大多数人要么向朋友或他人倾诉糟糕的经历，要么悄无声息地转向其他服务商。

面对客户投诉，许多企业不是及时解决问题，而是将其逐级上报。调查发现，许多企业前台员工的权力有限，只能解决一小部分投诉。假设不满的客户中，有40%向前台员工投诉，其中有25%未能得到解决，其问题被上交给部门经理。被上交的问题中，仍有20%未能得到解决。假设这20%中有一半被提交给经营副总裁，就会形成下面的金字塔图。

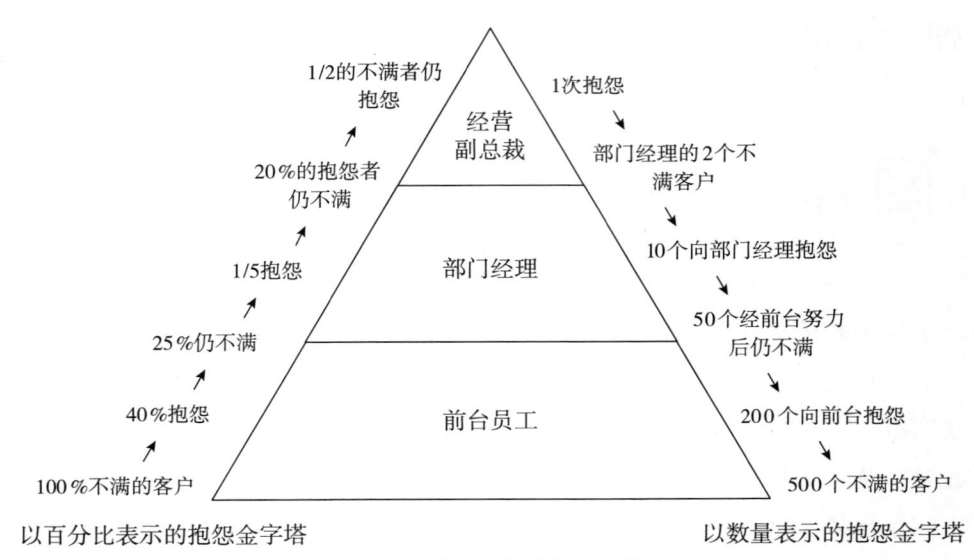

```
        1/2的不满者仍
              抱怨         1次抱怨
                  ↘    ↙
                  经营
                  副总裁        部门经理的2个不
      20%的抱怨者              满客户
        仍不满  ↘          ↙
                              10个向部门经理抱怨
      1/5抱怨 ↗   部门经理   ↙
                              50个经前台努力
                              后仍不满
      25%仍不满 ↗            ↙

      40%抱怨 ↗   前台员工    ↙ 200个向前台抱怨

    100%不满的客户                 500个不满的客户

    以百分比表示的抱怨金字塔        以数量表示的抱怨金字塔
```

图 2.2　客户抱怨升级金字塔

可以发现，副总裁接到的每一个投诉，都代表着 500 位不满的客户。客户投诉的"逐级上报"制度减少了高层经理处理客户不满的工作量，但也使其丧失了许多重要信息，难以及时采取有效更正措施。这也说明了，解决一两个客户的抱怨可能会保住几十甚至上百个客户。

研究发现，如果客户的抱怨能快速有效地得到解决，他会乐意与企业再次合作，经常投诉的客户对品牌更加忠诚。英国航空公司发现，投诉乘客中的 87% 不会流失。

案例　　英国航空公司改进客服工作

英国航空公司发现，有 1/3 的乘客对公司服务不满意。这些不满意的乘客中，69% 的人从未向人抱怨过，23% 的人向附近的公司员工抱怨，只有 8% 的人向公司客户服务部投诉，这时公司才会将客户投诉录入信息系统。

为此，英国航空公司对前台员工进行培训，让他们学会在现场解决问题，还赋予他们更大的权力处理客户问题；开设热线电话，由客户服务专员负责接听并解决客户提出的问题；开发客户分析与维持系统，收集分析客户的数据资料，为改进客户服务工作提供决策依据。

2. 当有投诉发生时

第一，正确认识投诉。人的本能使我们对抱怨和投诉有天然的抵触心理。企业要将客户投诉视为改进产品与服务质量、提升客户体验与满意度的良机，而不是对其感到头疼。《荀子·修身》曰："非我而当者，吾师也；是我而当者，吾友也；谄谀我者，吾贼也。"这句话的意思是：批评我而且批评得恰当的人，是我的老师；赞扬我而且赞扬得恰当的人，是我的朋友；阿谀奉承我的人，是害我的敌人。南宋理学家陆九渊说："闻过则喜，知过不讳，改过不惮。"这句话的意思是：听到别人说自己有错应当高兴，知道过失应当不隐讳，而改正过错应当毫不害怕。

第二，高层直接面对客户投诉。企业要建立工作制度，确保管理层随时能了解客户反馈。高层经理要亲自探访客户，直接从客户那里了解一线情况。雷克萨斯要求总部人员每人每月要面对面约见4位客户。美国美信银行（MBNA）要求每位经理到客户服务区或者客户服务部门去旁听员工与客户的电话录音，有些经理还亲自给客户打电话。不要依赖客户服务统计数据，很多情况下这类统计是实习生、临时工做的，他们不了解企业的业务以及竞争对手，也不了解客户的情况，他们不会真正关心那些统计数据。

第三，从心里接受客户。客户投诉时，客服人员的第一反应在很大程度上决定了客户反馈意见的质量和数量。因此，要慎重做出第一反应。客户经理必须真心诚意地想要倾听意见，而不是装装样子；要从心底接受客户，而不是抱有抗拒心理；要认为客户的投诉是合理而真实的，避免采取防御性姿态和不必要的细节深究。先不要回应、解释，而是耐心听完客户的陈述，让客户充分表达自己的感受。

第四，创造良好的沟通氛围。企业要鼓励客户反馈，而不是质疑客户的反馈；要支持客户，而不是挑战客户。正确的做法是合作与解决问题，而不是纠缠于企业与客户谁对谁错。客户不关心下游物流商的货物积压或者上游供应商的零配件品质不合格，这都是企业的责任。如果客户每次反馈意见时面对的都是借口和争吵，他们将不再反馈。企业要避免任何可能使客户觉得具有挑战性的话语，例如，如果你怀疑这个问题可能是客户错误使用产品造成的，你应当等待投诉结束，再委婉地询问客户是如何使用产品的。

案例　美捷步：通过深度沟通建立长期关系

鞋类电商美捷步（Zappos）的创始人谢家华（Tony Hsieh）说："我们不想在一次买卖中把客户的腰包掏空；相反，我们致力于与每个客户建立终身关系。"

他说，"在美捷步呼叫中心，我们不会限制客户通话时间。曾经有个客户的电话，整整打了6个小时！我们并不完全以销售量论英雄，还要看这些销售代表是否超越了客户的期望。在为客户提供服务之前，我们没有现成的'脚本'，因为我们相信员工会做出最好的判断，从而接待好每一位客户。我们想让那些销售代表在服务过程中，能展露出人性中最美的一面，用心、用情感去接听客户每一个电话。"

第五，建立投诉处理工作机制。对于合理的投诉，企业要及时解决问题，并改进工作，防止问题再次发生。这需要建立投诉处理机制，完善工作流程。例如：首先，客服代表要接受投诉并向客户道歉；其次，客服代表向客户解释问题是如何解决的，企业已经采取必要措施以保证客户未来不会再有这种体验；最后，客服代表建议企业怎样补偿这位客户。

第六，慎重对待不合理投诉。有些客户投诉，就是想占便宜，想要一些免费的东西。要注意通过正确的方式重塑客户的心态，不要用打折或免费来应对不合理的投诉。

◇ 建立客户导向文化，实现高效沟通

由于互动沟通是提升客户体验的基本途径，企业要建立客户导向型沟通文化，掌握客户视角的沟通技巧，营造亲和氛围，消除沟通障碍，通过高效沟通收集客户体验短板。

1. 采用客户视角进行沟通

人的行为受欲望和利益的驱使，生物本能使个体总是以自我为中心。人际交往的基本原则就是站在对方角度，为对方着想。以客户为中心要求把客户利益放在第一位。

沟通时要采用客户视角，经常换位思考。

表 2.1　比较 "客户视角" 和 "自我视角"

自我视角	客户视角
我从事销售行业 20 年了	我 20 年的从业经验会让我更理解您的需求
我需要您把这份申请表填好给我	在您完成这份申请表后，我们会……
在我们转账前，需要您在确认单上签字	为了您的安全着想，我们在您签字以后才能转账
我把这份报告返给您，您再修改一下	为了方便您用最新的视角更新这份报告，我们将回传给您
给您看一下人寿保险方案	作为一个年轻的父亲，想为家人上人寿保险，但家里有孩子并且资金紧缺，我们这个方案是为您这样的客户量身打造的，您一定会感兴趣

利用文字沟通时，第二人称、第三人称更能传达出客观和以客户利益为重的意味。例如，通过电子邮件沟通时，以客户为中心的信件经常出现"您""客户"等词语，然而大多数人的信件中经常出现"我""我的""我们""我们的"等第一人称。

2. 与具体对象"交谈"，而非向一群人"广播"

"广播口吻"是指把沟通对象当成一群人，而一对一谈话的"交谈口吻"

能让我们更清晰地表达自己的观点。使用"交谈口吻"的简单方法就是直接称呼对方。例如，相比收信人是"亲爱的顾客""亲爱的同事"，写明收信人的名字更能传达真诚，让收件人充满兴趣。电台播音员就擅长使用"交谈口吻"，收听节目的几百万人都觉得播音员在对自己说话。

表2.2　比较"广播口吻"与"交谈口吻"

广播口吻	交谈口吻
我们很高兴收到那么多订单，说明我们的产品得到了肯定	订单的小册子今天将会到达您的手中，感谢您订购
我们非常感谢那些按时付款的顾客，他们的及时付款让我们可以为其提供更好的服务	非常感谢您及时付款，这让我们能够为您提供价格更低、品质更好的服务

3. 使用积极语言，传达积极信息

同样一件事情，积极语言是你能做什么，消极语言是你不能做什么。例如，"商品售出后概不退钱"是消极语言，告诉你不能做什么，这可以换一种表达方式："我们会为您换货，直到您满意。"

积极语言与消极语言的语气不同，会产生不同的影响。积极语言能传达积极信息，人们喜欢听，沟通效果更好。

很多客服人员习惯使用消极语言与客户沟通，例如，"我们很抱歉地通知您，我们不能……""抱歉我们不允许……""很遗憾，您丢失了保修单……"，等等。

表2.3　比较"积极语言"与"消极语言"

消极语言	积极语言
下周三之前我们不能送到	我们会在周三送到
很遗憾，您不能赊购	由于时间原因，我们只能现金交易
您错了，我们协议的第四条是…	在阅读我们协议的第四条后，您就会明白了
您下订单的时候忘了写零件型号	为了及时给您发货，请您检查一下订单上的零件型号
您不能在员工停车位停车，您必须停在指定的顾客停车位	您可以把车停到我们的顾客专用停车位

> |忠诚篇| 客户经营的基础：打造客户忠诚，培育私域流量

案例　　　　　积极语言让人易于接受

某民间社团请求借用公司的培训厅，公司经理予以回复。为了不那么强硬地拒绝，经理决定出借较小的会议室。

经理有两种回复方式。

消极回复："我们很抱歉地通知您，我们不能让您使用培训厅，因为我们已经在您提出借用之前答应了A俱乐部的请求。我们与其有长期使用协议，他们每月的第三个星期二都会使用。不过我们可以让你们用会议室，座位只有25个。"

积极回复："A俱乐部已经预订了我们的培训厅，不过我建议您使用我们的会议室，那里有25个座位。"

这两篇回复的意思相同，都是表示拒绝并提供另一种选择。但是，消极回复里面，消极词汇太多了，如"抱歉""不能""只有"，这使得积极语言（可以使用会议室）被淹没了。而积极回复能使对方易于接受，事情的结果也会比较积极——帮助公司建立合作关系，树立良好社会形象。

◇ 找准客户问题，弥补体验短板

1. 找准问题是解决问题的前提

我们首先要明白"问题"这个概念。所谓问题，就是现实与预期之间的差距。当事物的状况与预期不同时，人们就会觉得有问题。但深入探究"问题"是什么时，大家往往见仁见智、各执一词，这是由于人们习惯于从自身的经验或立场出发，对问题的成因进行"想当然"的直觉判断。孔子曰："知之为知之，不知为不知，是知也。"其实大多数人做不到这一点。

爱因斯坦曾经说过："如果我只有一小时来解决某个问题，我会花55分钟弄清楚问题究竟是什么。一旦清楚了问题是什么，剩下的5分钟足够回答

这个问题。"据统计，医生的诊断有三四成是误诊，所以有些病人要找几家医院去诊断。

我们整天忙忙碌碌，实际上不少人解决的都是"假"问题。我们经常不能准确界定自己所面临的任务与问题，结果往往是事倍功半，甚至南辕北辙。如果问题没找对，任务界定错了，执行完美也是徒劳，失败只是时间问题。

找准问题，就是搞清楚需要解决的问题究竟是什么。

某公司经理着手降低客户流失率。他首先分析哪些客户可能流失，然后发起促销活动吸引其留下，但很多客户还是流失了。原因何在？因为经理搞错了的问题——问题是利用营销资金降低客户流失率，而非找出可能流失的客户；不是分析哪些客户可能离开，而是分析打算离开的动摇客户里哪些会对促销活动有反应。不要在无论如何都会离开的客户身上浪费资源，而对动摇客户却投入不足。

某游戏公司希望游戏玩家多花钱。经理首先找出能提高玩家投入度的新功能——提供奖励和突出玩家排名，公司随即做出相应调整，但收入并无起色。原因何在？因为经理搞错了问题——提高玩家的游戏时间，并不等于增加玩家的充值金额，因为大部分玩家玩游戏不会花钱。

提出了错误的问题，把资源浪费在错误的事情上，失败就难以避免。

2. 找准问题的基本方法：五问法

找准问题，就是正确界定问题、准确描述问题，这需要科学的方法。遇到问题时，通过连续问五个"为什么"，可以发现问题的实质并找到解决方法，这就是"五问法"。"五问法"是丰田生产方式之父大野耐一创立的系统化解决问题的工具，是一种强大而高效的发现问题与解决问题的技巧，是丰田科学管理方式的基础。造成问题的真实原因常常被各种明显的表面症状所掩盖，通过提出和回五个"为什么"，我们就能够直达根源，看到事物的真相，从而制订正确的解决措施。

比如，一架机器停止运转了：

①为什么会停机？（因为超负荷，保险丝熔断了。）
②为什么会超负荷？（因为轴承不够润滑。）
③为什么不够润滑？（因为润滑油泵不能有效抽压。）
④为什么不能有效抽压？（因为油泵的旋转轴磨损作响。）
⑤为什么旋转轴会磨损？（因为忘记安装过滤器，以致金属碎屑掉进去造成磨损。）

像这样问五次"为什么"，我们就能找到问题的根本原因，并容易改正。如果这个过程进行得不彻底，我们可能简单地换一根保险丝或一根油泵轴了事。那样的话，问题不久还会发生。

再比如：

①为什么这个产品成了废品？（因为连接部分松开了。）
②为什么连接部分松开了？（因为插头部位不合规格，误差太大。）
③为什么插头误差太大？（因为冲压机有问题。）
④为什么冲压机会出问题？（因为没按规定进行常规保养。）
⑤为什么没按规定进行常规保养？（因为维修人员出勤有问题。）

某软件公司突然开始收到客户大量投诉，抱怨公司的新产品：

①为什么新版本的某功能关闭了？（因为有一台服务器挂了。）
②为什么服务器会挂？（因为错误使用了一个隐藏的子系统。）
③为什么会错误使用？（因为工程师不知道如何正确使用。）
④为什么他不知道？（因为他没有受过培训。）
⑤为什么他没有受过培训？（因为他的经理认为不需要培训新员工，他和他的团队"太忙了"。）

显而易见，很多技术故障的根源是人的问题、管理问题。五个"为什么"

问下来，你基本上就能找到症结所在。当然，如果你想找到最佳的解决方案，有必要继续刨根问底。

◇ 加强互动沟通，完善客户体验管理机制

1. 加强互动沟通，建立紧密关系

新媒体时代，企业可以利用社交媒体、移动互联网和定位服务等工具与消费者进行双向互动以及社交化沟通，建立紧密关系。与客户深入互动、掌握了丰富的客户信息，企业便能快速发现客户需要什么、反感什么，并采取相应的行动。企业在满足客户的同时，对客户的理解也加深了。

现在是营销服务一体化时代。以前，我们认为营销是营销，服务是服务。在线上线下多渠道整合以及大数据分析等技术的帮助下，企业现在有能力与客户建立前所未有的互动和亲密关系，企业与客户的每次互动既是客户服务也是营销活动，即营销与服务是一体的。

一般而言，消费者更多地在他们的群体中讨论企业的产品与服务，这些对话经常发生在企业的视线范围外。消费者的购买决策常常在与企业接触之前已经完成，消费者与企业接触仅仅是为了完成最后的交易。因此，企业需要彻底改变与消费者的沟通方式，大大提前与消费者的接触点——从接受对话、发起对话转变为参与对话。当消费者之间发生讨论时，企业应为他们提供相关的产品或服务的信息，消除他们的顾虑，解答他们的难题。具体方式参见"忠诚第四招：运营客户社群"的相关内容。

2. 利用NPS，建立贬损客户跟踪机制

客户体验管理的核心抓手是NPS。通过测量NPS，企业可以将推荐者与贬损者清晰区分开来，对不同客户的消费旅程进行端到端的持续追踪和监测，在微观视角下追本溯源，发掘影响客户体验的关键驱动因素，找到性价比最高的优化方向，采取针对性措施，完善客户体验。

企业要完善NPS调查工作，深度挖掘影响客户体验的关键驱动因素，建

立贬损客户跟踪机制，认真检视问题，扎实改进工作。一是建立全旅程触点级调研指标体系、层层深入的追访指标。二是建立贬损客户跟踪深访机制，对客户贬损的原因层层追问，深入挖掘客户贬损的根本原因。例如，某通信运营商的一家政企客户反馈专线故障维修时间长，该客户 3 月份向客户经理反映网速慢、卡顿，到 4 月底才解决，故障解决耗时 1 个多月。该运营商层层深挖问题原因，发现业务流程存在如下短板：①投诉信息缺失。客户经理未按报障流程报障，导致投诉未形成闭环管理，投诉长时间未得到解决，没有人跟踪。②代维员监督缺失。代维故障处理能力不强，故障原因无法核实时未及时上报，导致问题长时间得不到解决，缺失代维故障处理及时率监督机制。

3. 构建端到端的客户体验感知监控体系

企业要关注客户消费旅程各阶段、各环节的完整体验，构建端到端的客户体验感知监控体系。

以某领先运营商提供的智慧家庭解决方案为例，首先，要围绕家庭客户的娱乐、沟通等生活场景，开展客户视角的体验测试，测试全部流程节点的体验感知，打通全域业务和服务流程；其次，掌握客户对各项产品与服务的评价与改进建议，全面掌控客户诉求变化，配备智慧家庭工程师、专享 QoS 保障等优质服务，及时响应客户诉求；最后，梳理服务体验监控指标，涵盖查询、报装、装维、报障、故障处理、投诉，以及套餐、价格、宣传、提醒、渠道、积分等感知环节，建立常态化客户体验提升闭环流程，打造完美的数字生活体验。

2 忠诚第二招
提供综合解决方案

新消费时代，
企业要从提供单产品升级为提供综合解决方案，
全方位满足客户需求。

◇ 升级产品形态，满足更多需求

从满足需求的角度看，企业提供给消费者的产品可以分为单产品、产品组合与解决方案三种形态。在这个演变过程中，企业提供越来越多的产品与服务，更好地满足客户需求。

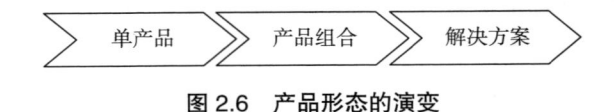

单产品 ▶ 产品组合 ▶ 解决方案

图 2.6　产品形态的演变

1. 单产品：单一的产品或服务

以前，人们生活处于温饱阶段时，消费需求都是基本需求，消费者不挑剔、不嫌麻烦，需求性质简单，"千人一面"，需求类型少，一个产品或服务就能满足需求。例如，消费者购买一台电视机，过程就是在商店里付款后获得商品，非常简单。

企业通常通过各级经销商销售产品，与消费者距离遥远，相互没有直接接触，或者接触的频次很低。企业与消费者的关系简单，联系少。

2. 产品组合：多种产品与服务的捆绑组合，也称为融合产品

随着社会发展，人们生活水平不断提高，消费者"变懒"了，期望变多了，"千人千面"，消费需求趋于复杂多样。消费者需要的不是单一产品，而是产品与服务的组合。例如，企业销售一台电视机，还要负责送货上门、免费维修，甚至赠送礼品。

企业将多种互补或者紧密关联的产品与服务打包提供给消费者，对双方都有利。对于消费者来说，产品组合满足了其多种需求，价格通常比各单项产品价格累加优惠，连带购买可以节省时间与精力；对于企业来说，提供产品组合需要与客户高频联系，有助于企业与客户建立深度连接，从而获得客户的信任和忠诚。

例如，特斯拉（Tesla）电动车集硬件和软件于一体，客户购车之后需要不断升级软件，特斯拉还采取电商+直营店的模式与客户建立直接联系，这使其能够与客户持续、高频地沟通，有机会建立紧密关系。再比如，零售门店增加服务项目，发挥范围经济优势，增加顾客的光顾频次。平安人寿从销售保险产品转型为提供保险+健康管理服务，业务涵盖私家医生+健康、慢病、重疾等场景化健康管理服务，通过高频的日常健康管理实现对客户的"陪伴"。

衡量产品融合程度的指标有融合客户、客户融合率以及客户融合度。融合客户指使用企业 2 个及以上业务的客户数量；客户融合率指融合客户占全体客户的比例；客户融合度指客户平均使用的业务数量，用来衡量业务融合的宽度。以通信运营商为例，国内领先运营商在某些地区的客户融合度已经达到 6~7，即每个客户平均使用运营商的 6~7 个产品，包括固定电话、移动通信、宽带、数据流量包、高清视频、云存储、智能组网、家庭监控等。

3. 解决方案：针对某种消费场景的多项产品与服务，满足客户在该场景下的全部需求

随着社会发展日益现代化，人们对美好生活的追求越来越多，消费需求趋于个性化、场景化，"一人千面"，人们在不同场景下面临不同的问题，企业需要提供特定生活或工作场景下的综合解决方案，既能满足消费者在该场景下的全部需求，提供卓越的客户体验，还能节省客户费用支出以及时间与精力。例如，企业销售一台电视机，实质上是提供家庭娱乐解决方案，不仅要送货上门、免费保修，还要提供联网服务以及个性化的节目内容等。

◇ 综合解决方案提高客户忠诚度

1. 企业满足的需求越多，市场竞争力越强

企业通过产品的功能效用来满足消费者需求，产品的功能效用就是消费者感知的产品价值元素。消费者的需求多种多样，但需求类型与产品价值元素具有普遍性。心理学家马斯洛将人的需求分为五个层次：生理、安全、社交、尊重与自我实现。

贝恩公司合伙人埃里克·阿姆奎斯特（Eric Almquist）与同事在文章《用价值要素发现客户的真正需求》（载于《哈佛商业评论》中文版 2016 年 9 月刊）中指出，消费者需求与价值元素可以归纳为功能价值、情感价值、生活提升价值、社会影响价值四大类 30 种具体元素。

表 2.4　消费者需求类型与价值元素

需求类型	产品价值元素
功能价值	质量、多样化、降低成本、感官吸引力、提供信息、省时、简单化、赚钱、降低风险、组织、整合、联系、省力、避免麻烦
情感价值	减轻焦虑、给我奖赏、怀旧、设计/审美、标志价值、健康、安抚价值、乐趣/消遣、吸引力、提供途径
生活提升价值	改变生活、带来希望、自我实现、动力、财富传承、附属/从属
社会影响价值	自我超越

大多数需求类型与价值元素都是长期存在的，是人类固有的需求，但其具体表现形式随时间有所变化。在不同的行业、文化和人群中，各元素的内涵不同，各元素之间的关联性也不同。不同行业的产品所满足的客户需求类型不同，客户看重的、影响客户忠诚的产品价值元素也不同，一个产品不可能提供全部 30 种价值元素。

表 2.5　典型行业向客户提供的关键价值元素（前 5 项）

行业	关键价值元素
智能手机	质量、省力、多样化、组织、联系
食品和饮料	质量、感官吸引力、多样化、设计/审美、安抚价值
电视服务提供商	质量、多样化、降低成本、设计/审美、乐趣/消遣
折扣店	质量、多样化、降低成本、省时、给我奖赏
食品百货	质量、多样化、感官吸引力、降低成本、给我奖赏
服装零售	质量、多样化、避免麻烦、设计/审美、省时
汽车保险	质量、减轻焦虑、降低成本、提供途径、多样化
信用卡	质量、给我奖赏、财富传承、避免麻烦、提供途径

可见，最普遍最重要的价值元素是产品质量，尽管不同行业质量的内涵有所差异，但产品质量必须达到及格的水平；第二重要的价值元素，各行业不一样。

一般而言，产品拥有的价值元素越多，满足的需求类型越多，客户忠诚度就越高，市场竞争力就越强，企业收入增长就越快。近年来，互联网产品迅猛发展，就是由于互联网消除了信息不对称，操作简单方便，便于高效互动，互联网产品拥有省时和避免麻烦等价值元素。视频服务商奈飞提供的价值元素包括降低成本、安抚价值、怀旧以及多样化（影片资源比传统电视服务商丰富）等。亚马逊的 Prime 服务拥有多项价值元素，2005 年刚设立时帮助客户降低成本和省时（会员每年交 79 美元就可以享受两天内免费送货服务），后来陆续增加服务项目，提供更多的价值元素，包括乐趣/消遣、提供途径（视频节目）和降低风险（无限存储照片）等。

2. 解决方案让客户产生依赖，有利于企业与客户建立长期关系

由于不同供应商的产品与服务的品质参差不齐，性价比难以得到保障，消费者做出购买决策时费时费力。解决方案提供商为了维护品牌声誉及长期客户关系，有动力把每个环节做到最好，包括选择最佳的产品与服务、提升客户体验等。客户可以简化消费决策过程，不用费心费力去寻找自己该买什么产品、买什么品牌的产品。

企业提供解决方案服务，能够全面满足客户需求，与客户建立高频联系，从而建立长久、深度、多维的客户关系，同时促使客户持续消费、提高转换成本，从而实现客户终生价值。

企业利润来自客户关系，而非某个具体产品或服务。企业向客户提供的多项产品与服务，有的有价格，有的没有价格，企业很难准确核算出单个产品或服务的利润水平。事实上，这些产品与服务都是互补关系，企业的利润来自这些产品和服务满足客户需求所形成的稳固的客户关系，来自这些产品和服务共同发挥效用给客户创造的复合价值。

案例　　　　耐克：提供运动解决方案

2006 年，耐克与苹果合作推出 Nike+iPod，可以记录用户的运动日期、时间、距离、热量消耗等数据。后续推出的 Nike+Apple Watch 就像私人教练一样，能够指导用户完成多项动作，客户可以在锻炼过程中查看心率和卡路里数据，在锻炼结束后查看统计数据和成绩单等。

现在，客户通过一个账号，可以使用耐克的多项 APP 服务，包括 Nike Run Club（跑步俱乐部，跑步时获得动力和个性化指导）、Nike Training Club（健身俱乐部，提供 160 多项训练课程）、SNKRS（球鞋俱乐部，客户可以全方位了解自己钟爱的鞋款，包括销售动态与幕后故事等）。

耐克已经从单纯的体育用品公司转型成运动解决方案提供商，通过运动装备和 APP，给客户提供专业、一体化的运动指导和体验。

◇ 领先企业转型提供综合解决方案

当前，各行业的领先企业纷纷转型升级，向客户提供综合解决方案。

1. 制造业向解决方案升级

制造业领先企业通常提供相关增值服务，包括安装、售后维修和备件服务、在线支持服务、融资租赁服务等，逐渐进化成一站式解决方案提供商。

案例　　工程机械制造商：提供解决方案

三一重工打造"根云"工业互联网平台，提供在线支持服务。平台接入了分布在全球的 30 多万台设备，实时采集设备运行参数，利用云计算和大数据远程管理庞大设备群的运行状况。通过"根云"平台，三一重工实现了故障维修 2 小时内到现场、24 小时内完成，易损件、备件库存低于行业平均 40% 以上，每年为经销商降低库存超过 3 亿元。

小松公司（Komatsu）从工程机械制造商转型为数字化智能建筑解决方案提供商。小松推出了具备 GPS、数字地图、传感器和物联网连接的新一代工程机械，帮助客户大幅度提高了设备使用效率。

案例　　汽车厂商：提供出行解决方案

近年来，汽车厂商纷纷转型，不仅制造销售汽车，而且向最终客户提供出行解决方案。例如，通用汽车研发自动驾驶汽车，提供网约车服务，转型成出行服务公司；吉利推出"曹操专车"，打造汽车"制造＋销售＋出行服务"供应商的模式。

2. 时尚消费品企业：提供生活方式解决方案

📋 案例　　　　苹果：提供数字生活解决方案

传统意义上，苹果公司是一家硬件制造商，制造并销售软硬件一体的电脑、MP3、手机等，与消费者的联系限于销售与售后服务。随着互联网时代的到来，苹果先后改变了人们的娱乐方式（通过手机听音乐、看电影、打游戏），办公方式（移动办公），甚至出行方式（自动驾驶），从硬件制造商转型为数字生活服务商。

数字生活解决方案包括多种硬件、软件与服务。例如，iPod+音乐服务，消费者不只是购买 iPod 播放器，还要购买音乐服务，苹果通过不断更新音乐服务，就能与消费者保持关系；iPhone 不只是手机，还包括 APP Store、iCloud 等服务，通过服务长期连接用户，促使用户持续消费。

📋 案例　　　　优衣库：打造健康、文化、个性、智能的生活方式

优衣库把零售和餐饮、阅读、艺术结合起来，向文化艺术等多元生活场景跨界。在旗舰店，顾客周末可以参与手绘 T 恤衫活动；与纽约现代艺术博物馆 MoMA 合作，把艺术印在几十块钱的 T 恤衫上，推出 1000 多款"世界文化 T 恤衫"；纽约第五大道店引入星巴克；曼哈顿店引入图书和艺术展览。

优衣库认为，现代社会有四类主流生活方式：健康、文化、个性与智能。服装可以改变客户的这些生活方式：原本的主流技术型功能款产品体现"健康"生活方式；UT 系列（UT 是优衣库 T 恤衫的简称）和设计师合作款系列体现"文化"和"个性"生活方式；线上下单、线下提货和就近换货等服务体现"智能"生活方式。

案例　小米：打造高性价比的数字生活方式

小米不仅生产销售手机、平板电脑、笔记本电脑，还生产人们生活所需的大部分电子产品，包括电视机、智能音箱、电饭煲、电风扇、摄像头、空气净化器、路由器、扫地机器人、插线板，甚至旅行箱、运动配件等。小米的愿景是"让每个人都能享受科技的乐趣"。

小米在年轻消费者心目中树立了"极致性价比""好用不贵"的品牌形象。至2020年，小米已经开设了两千多家线下体验店（自营＋合作），产品品类丰富，吸引了大量客流，据称其坪效（每平方米营业面积上所能产生的营业额）仅次于苹果体验店，成为新零售的标杆。

3. IT与互联网企业向解决方案升级

案例　网易有道：提供互联网学习解决方案服务

网易有道提供互联网学习产品和服务，致力于让学习变得轻松有效。学习产品包括两类：一是在线知识工具APP，包括有道词典、有道翻译官、有道云笔记、有道少儿词典、U-Dictionary等；二是智能学习硬件，包括有道智能笔、有道字典笔、有道翻译蛋、有道云笔等学习型智能设备，提升用户的学习体验和效率。学习服务包括两类：一是在线课程，包括名师精品课（面对K12用户）、网易云课堂、中国大学慕课等；二是内容互动课，让学生在移动设备上与虚拟老师进行互动学习，包括有道数学、有道背单词、有道乐读、有道阅读、有道口语等。

网易有道对广受欢迎的词典、翻译官、云笔记等工具型APP实行免费政策，吸引了大量的忠诚客户，在此基础上，推出一系列收费产品和服务，包括智能学习硬件和名师精品课等。

有道的产品与服务体系满足学前、中小学、大学生及成人的终身学习需求，全场景全年龄段锁定客户，相互导流，形成了商业闭环，大大降低了获客成本，提升了客户黏性。

◇ 围绕场景化需求，构建综合解决方案

1. 聚焦重点领域

提供综合解决方案需要聚焦，只有聚焦才能做深做透。企业要根据自己的资源禀赋与战略愿景，聚焦重点领域。

案例   **通信运营商：聚焦重点领域**

近年来，国际领先运营商纷纷创新业务模式，提供数字化解决方案服务。第一，聚焦重点业务。运营商布局较多的业务领域包括云计算、安全、物联网、娱乐传媒、电子商务、电子支付、广告等。多家运营商聚焦娱乐传媒领域，研发AR/VR以及AI在视频娱乐领域的应用。第二，聚焦重点行业，构建包括基础连接、能力平台、垂直应用等多层次的产品体系。例如，德国电信布局汽车、制造业、交通运输、能源与医疗等行业，提供数字化解决方案服务。第三，提供通用产品，即面向所有行业客户提供标准化产品。

5G时代，运营商既要构建数字化基础设施，向各行各业提供云网边端能力，包括随需的算力、存储与网络连接，还要推动重点行业的数字化，即聚焦5G业务应用较早的重点场景，如城市管理、医疗服务、工业生产、家庭娱乐等，深入挖掘和培育行业数字化新需求，提供行业数字化解决方案（智慧城市、智慧医疗、工业互联网等），推动信息技术与实体产业深度融合。

2. 全面理解需求

解决方案既要满足客户的功能性需求，又要满足客户的精神性需求，让人愉悦。企业设计解决方案服务时，要注意全面理解客户需求。第一，从多个维度去理解客户，关注客户在特定场景下的真实的、全方位的需求；第二，针对客户特定场景下的具体痛点需求，定义产品和服务——组合产品、调整服务内容；第三，研发新产品或者选择并购对象、合作伙伴时，要结合企业自身的资源禀赋，要具有共情力与洞察力——从客户需求出发，而不是从产品出发、从企业自身出发，防止犯以偏概全或者想当然的错误。

3. 挖掘场景需求

企业要全面扫描、深入了解、悉心体会客户的生活场景或者工作场景，结合前后情景预判客户的目标，找到客户面临的问题，准确抓住客户的痛点。要融入目标客户的日常生活、娱乐的具体场景之中，或者融入目标客户的研发、生产、管理、客服等业务流程之中，甚至融入客户的客户的业务流程之中，洞察客户遇到的、尚未意识到的问题，利用企业的新技术、新能力予以解决。例如，在研发 iPod 音乐服务时，乔布斯安排员工每天搜集信息，了解各国的主流青年文化是什么、青年人怎么听音乐、有哪些原生乐团等，以便提供体验最优的音乐服务。苹果公司发现人们在运动时携带手机不方便，但又有看时间、与社会保持联系以及听音乐的需求，就设计出了 Apple Watch。无印良品的设计师进入客户家中实地观察，切身体验客户生活中有哪些不方便的地方，有针对性地开发新产品予以解决。

案例 5G 运营商：提供数字化解决方案服务

1. 面向公众客户：提供视频娱乐解决方案

高清视频是 5G 初期的重点业务，消费者追求流畅清晰、内容丰富、个性化的视频服务。运营商要加快打造视频平台，引入优质版权资源，优化在线广告技术，打造AR/VR、云游戏、云电脑等创新终端；针对幼儿、中小学生、青年人、中年人以及老年人的不同需求，精耕音乐、教育、健康、游戏、视频等场景，推出个性化的视频娱乐解决方案服务。

韩国运营商LG U+凭借创新的5G业务，不到一年时间就将市场份额提升了9个百分点。LG U+针对不同年龄层和不同兴趣爱好的客户，推出了一系列沉浸式的5G娱乐业务，包括职业棒球、高尔夫、偶像直播、AR/VR等。棒球针对30~40岁用户，高尔夫针对50~60岁用户，偶像直播针对10~20岁用户，偶像全息影像吸引韩流粉丝，瑜伽全息影像吸引瑜伽爱好者。

2. 面向行业客户：提供场景解决方案

5G网络的大带宽、低时延、泛连接特性会带来全新的业务，AR/VR、物联网等新型应用会产生海量数据，导致对数据的集中计算和存储的需求剧增，同时由于时延的要求，计算的边缘化、内容的分布化、应用的本地化趋势不可避免。为了更好地满足应用场景需求，运营商需要深度融合云、网、数、物、智，将5G、光网、物联网、云资源池等统一编排封装成基础设施切片，叠加物联网能力开放平台、大数据分析平台、视频智能监控平台以及重点行业应用平台等能力，为客户提供一站购齐、一点交付、一点服务、端到端保障的行业数字化解决方案。

运营商要深度挖掘目标领域的场景需求。例如，针对工业互联网领域的远程控制应用，要梳理各种特定应用场景，包括远程驾驶、远程精确作业（如港口、矿山、油田等区域的生产作业，以及抢险救灾、道路抢修等场景），提供特定场景下的个性化解决方案，以降低劳动危险与劳动强度，提高劳动效率。在车联网领域，针对特定行业、特定应用场景，提供相应的车联网解决方案。例如，针对物流公司提供车队综合管理解决方案，包括行驶路径优化、车队车辆定位、调度订单管理、车辆诊断维修报告等；针对航空运输物流公司提供高价值货运查看业务；针对保险公司提供基于驾驶行为的保险业务；针对重型机械公司提供车辆跟踪与监控业务等。

4. 重视关联需求

企业要考虑客户需求的关联性与整体性，围绕客户的某个真实的生活或工作场景中存在的问题，在每个具体节点上提供客户想要的产品和服务，全面满足客户在该场景下相互关联的一系列需求，提供体验更好、效率更高或成本更低的综合解决方案。

案例　茑屋书店：重视关联需求

茑屋书店是日本最大的连锁书店，创办于1983年，旨在打造"通过书籍、电影与音乐，向年轻人传递生活提案"的文艺场所。

茑屋书店站在顾客的角度思考问题，重视顾客体验和关联需求。例如，爱好读书的人，可能也喜欢听音乐和看电影；想去英国旅游的人，可能需要旅游指南，也想看英国杂志与电影、听英国音乐、阅读有关英国的散文与小说。按照这种思路，茑屋书店按照旅游、文学、饮食、料理、设计、建筑、人文、艺术、汽车等领域规划区块，重构书店空间。

另外，茑屋与30多家特色商店合作，建立无缝串接的文化复合设施，在这些商店里摆上书，模糊商店与书店的界限。

案例　野水牛之翼餐馆：服务体育迷

野水牛之翼连锁餐馆向体育迷提供完整的就餐和社交体验——不仅享受鸡翅和啤酒，还能观看比赛、聊天、为自己支持的球队欢呼、会见老朋友和结交新朋友。餐馆为每桌配备两位服务员，一位负责点菜，另一位是"客户体验员"，负责确保顾客能从餐馆墙上安装的40～60个屏幕上看到自己想看的比赛节目。该餐馆的网站每月吸引200万名活跃访客，脸书主页有1200

多万名粉丝，鸡翅销量持续增长。顾客不仅是食客与观众，还是餐馆的宣传大使。

案例　　　孩子王：提供个性化解决方案服务

母婴零售服务商孩子王将客户按所处周期分为不同类型：备孕期、孕早期、孕中期、孕晚期、0~6个月、7~12个月、1~2岁、2~3岁、4~6岁、7~14岁。根据不同类型客户的生活方式，研发打造一揽子解决方案。例如，你进入备孕期，孩子王提供成人肠道微生态检测、婚姻家庭咨询等服务；你刚怀孕，提供金牌月嫂预约、孕妇亲子摄影、"胎儿大学"课堂、孕妇瑜伽教学等服务；孩子0~1岁，提供母乳喂养指导、满月发汗、幼儿游泳洗澡、婴幼儿抚触、新妈妈骨盆修复、婴幼儿理胎发、催乳等服务；孩子1~3岁，提供小儿推拿、儿童发育评估、妈妈回乳、婴幼儿肠道菌群检测等服务；孩子3岁以上，提供亲子关系咨询、儿童保健咨询等服务。

孩子王实体门店的内涵不断丰富，在最初的销售商品的基础上，陆续增加了服务、体验、社交以及线下社区等功能。商品包括奶粉、尿片、玩具等。服务包括产后恢复辅导、早教、儿童英语学习、儿童才艺培训等。现在，门店成为儿童成长超级社区，设有育儿服务中心、儿童理发服务区、成长缤纷营、金融保险产品区、妈妈交流休闲区、成长相册服务产品、母婴童商品与服务中心等。

5. 客户体验优质

综合解决方案通常包含新产品、新服务，客户如果体验不够好，就会难以接受。

例如，智慧家庭解决方案以宽带接入为基础，叠加了高清视频、云存储、智能网关、智能组网、视频监控等业务，让家庭生活变得智能和安全。宽带接入是传统业务，业务环节简单，运营商与客户的触点少，属于必需品；而叠加的新兴业务，有些由合作伙伴提供，业务环节复杂，运营商与客户的触点多，属于选购品，替代品众多。

优质客户体验是解决方案成功的前提。如果客户使用时遇到较多问题，体验差，比如设备联网成功率低、经常掉线、某些功能无法使用，或者设备的技术性强，客户操作起来不够简便，客户就会抱怨，解决方案也就失败了。

6. 跨界联合创新

解决方案通常包含合作企业的产品或服务，这些产品或服务要成为解决方案的有机组成部分，不仅要满足目标客户群在特定场景下的刚性需求，而且要与解决方案的整体品牌形象保持一致。如果各种业务之间缺乏协同效应，就成了多角化经营模式，企业就难以培育核心能力，跨界就成了纯粹的资本运作，而合作也只是拉拢客户的临时手段，与各种短期促销举措没有区别。

以 5G 业务为例。5G 业务是新生事物，存在需求不明确、协调环节多、政策法规和标准缺乏等问题，需要多方联合创新，共同探索。5G 发展初期，运营商可以通过生态合作快速提供业务，向合作伙伴提供网络、云和推广渠道等，在研发、营销策划与客户服务等方面开展合作，针对重点业务，与合作伙伴联合开发平台，联合制订行业标准规范，联合打造终端创新产品，联合打造产业生态。

3 忠诚第三招
构建会员制

存量竞争时代，
会员制是使客户留存与复购的基本手段。

◇ 会员制及其适用场景

1. 会员制的内涵

会员制，又称会员体系、会员计划、客户忠诚计划（Loyal Customer Scheme），是指企业对客户分类管理，将中高价值客户变成会员，有针对性地给予其好处，吸引客户持续消费的各种做法。

会员制是向中高价值客户提供利益，而不是对所有客户提供普遍优惠（如直接降价），这样可以保持品牌的高端形象，培养客户忠诚，实现客户终生价值最大化。

会员制既是企业营销策略，也为客户创造价值。企业要结合自身主营业务，发挥资源禀赋优势，决定是否实施会员制、实施何种会员制以及为会员提供哪些权益。

2. 会员制的类型

按照是否付费，会员制分为免费会员与付费会员。

初期的会员制大部分是免费的，客户提供姓名、电话号码或身份证号码就可注册成为会员，或者老客户（比如持续消费一年以上）自动升级成会员。免费会员分为无等级会员、等级会员两类。

付费会员，即客户缴纳会费才能成为会员并享受权益，分为俱乐部型、生态型、联合型三类。俱乐部型，也称门槛型，客户付费获得会员身份。生态型，就是综合型企业将本企业或者本集团生产的产品或服务提供给会员作为会员权益。联合型，就是不同行业的企业跨界合作，将合作方的产品或服务提供给会员作为会员权益，也称联合会员、联名会员、联盟会员。

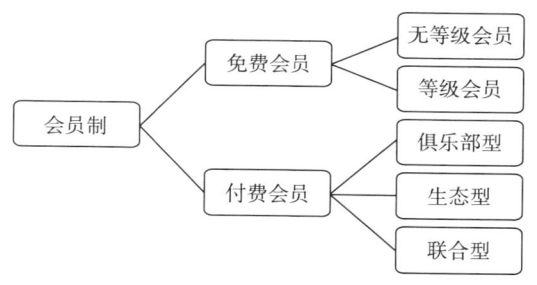

图 2.4　会员制的分类

3. 会员权益的类型

会员权益是企业为了吸引会员持续消费所提供的权益，包括物质权益与精神权益。

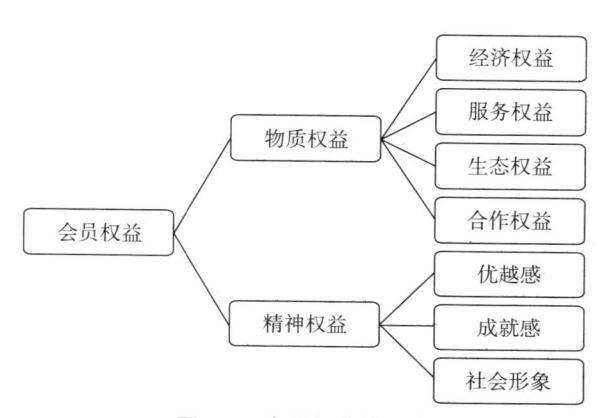

图 2.5　会员权益的分类

物质权益是"硬激励",包括经济权益、服务权益、生态权益与合作权益四类。经济权益能让会员占便宜、省钱,例如会员价(优惠价)、赠品、积分兑换奖品等。服务权益通常是与主业相关的增值服务,能让会员省时省力,或者降低选择成本与消费风险,例如消费资格/会员专享,免费送货与退货等物流服务,优质服务(如专人、快速服务),售后服务以及咨询服务等。生态权益与合作权益属于扩展权益。生态权益是综合型企业将本企业或者本集团生产的产品或服务提供给会员作为会员权益,例如亚马逊 Prime 会员权益包括免费的视频、阅读、音乐等服务,淘宝 88VIP 用户可以享受餐饮、住宿、旅游、出行、娱乐、金融等方面的优惠。合作权益是将合作企业的产品或服务提供给会员作为会员权益,让会员享受优惠或免费。

精神权益是"软激励",指满足客户的精神追求与情感需求,例如提升优越感、成就感、社会形象以及其他高级精神需求。

4. 会员制的适用场景

会员制适用于面向大众消费者、消费群体固定、消费者消费频次高的行业,客户愿意通过会员身份来获得价格优惠、优质服务或其他权益。

会员制在传统行业已经流行多年,例如零售(购物中心、连锁超市等),银行,航空,酒店,餐饮,美容美发等行业。随着存量市场竞争日趋激烈,越来越多的行业开始流行会员制,尤其是互联网行业,例如外卖、视频、游戏、音乐、知识付费等。

有些行业不适合会员制。一些超低频的消费场景,例如购买房屋、汽车、家具、装修服务、婚庆服务等,塑造品牌或者直接的价格策略比推行会员制更为有效。

◇ 免费会员制的设计要点

免费会员包括无等级会员与等级会员。

有些超市、餐馆、美容美发店等实行无等级会员制,会员权益没有差别,主要包括优惠打折、赠送或积分兑换等。

等级会员，就是根据会员的消费行为数据，通常是保有时间（如在网时长）、消费额（总体消费金额、客单价 ARPU 或者重点业务消费情况）等，将会员分为不同等级，使不同等级的会员享受不同的权益。电商的免费会员通常分等级，例如，京东根据京享值大小决定免费会员的权益，消费金额与次数越多，评价与晒单越多，京享值越高，会员等级就越高，可享受的权益就越多。

免费会员制的会员权益主要包括优惠价、优惠券、赠送、积分兑换以及优质服务等。

1. 优惠价

优惠价即折扣价，优惠折扣能刺激会员重复消费。高端品牌、高毛利商品通常实行会员优惠价，以及发放优惠券、特定日期或活动期间特价等。数字时代，企业要实行个性化优惠价，给予不同客户不同折扣。

有些商家对特定商品实行优惠价。例如，某咖啡馆对手工甜品实行会员价，一份芝士，会员价比非会员价低大约 10 元，这产生了良好口碑，成为吸引人气产品，带动了全店的饮品消费；某餐馆对部分菜品实行会员价，相比全场打折，这样避免了某些低毛利商品影响利润；某商家采用梯形折扣政策，客户累计购买量越大，享受的折扣越大，鼓励客户多消费。

2. 优惠券

优惠券利用了人们"不用就感觉吃亏"的心理。心理学研究发现，失去和获得同样的财富，失去带来的痛苦感超过获得带来的愉悦感。消费能力越低的人群，这个差距越大。以麦当劳的优惠券为例，50 元的套餐用券只需要 25 元，限时使用。如果不用券，就相当于损失了 25 元。损失 25 元的痛苦，需要获得远高于 25 元才能弥补。因此，广大低收入人群毫不犹豫地购买，成为麦当劳的忠诚客户。

3. 赠送

在购物频次较高的食品饮料、化妆品等行业，赠送（样品）的效果比较好，比如在顾客买化妆品时向其赠送高级小样，在顾客买茶叶时向其赠送高级茶叶等，能刺激客户消费升级。

免费试用能降低消费门槛。短期来看，免费试用是亏本的，但它对客户忠诚和长期价值影响很大。奈飞向新客户提供一个月的免费试看服务，有人曾担心客户会在一个月的免费时间内把喜欢的电视剧看完，然后不再花钱订阅。奈飞发现，130万人参加了免费试看活动，只有0.6%的人在试看期结束后不会订购。接受了企业慷慨赠予之后，绝大多数人会怀着尊敬的心情给予企业善意的回报。

边际成本接近零的服务适合赠送。航空公司、酒店、通信运营商的会员权益丰富多彩，就是由于其服务的边际成本接近零——头等舱座位没有坐满、客房没有住满、电路有空闲容量时，就算是赠送，企业也没有压力。大多数互联网产品的边际成本接近零，所以互联网企业的会员权益花样百出。例如，非会员看视频要看广告，会员不用；非会员只能编辑10秒短视频，会员无限制；非会员在修图软件里只能用3个元素美化照片，会员可以用30个；非会员使用文字处理软件时有水印，会员没有；会员获得QQ黄钻，可以向朋友们炫耀。

赠送与赠品类似，容易混淆，参见本书"原理三"的相关内容。

4. 积分制

早期的会员制是积分制。会员消费获得积分，积累一定积分可以享受商家返还的现金或者兑换奖品，这在酒店、航空公司、超市、餐馆等较为流行。

积分制能够吸引客户持续消费，培养消费习惯。美国烹饪协会调查发现：66%的消费者表示他们会为了获得自己心仪餐馆的会员积分，而特意跑到该餐馆就餐；餐馆实施积分制后，营收平均提高了10%以上。

要防止积分制沦落为打折卡。积分制的门槛低，容易引起竞争对手模仿，一个企业实施成功很快就会成为全行业的标配。如果积分的奖励少，客户转换代价小，吸引力就不足；如果积分的奖励多，企业负担重，就变成了价格战。有些人就经常持有多张会员卡，为了获得最划算的交易从一个商家跳到另一个商家。

5. 优质服务

电商企业通常向会员或高额订单客户提供包邮服务，拼多多不仅对所有订单提供包邮服务，还对很多订单提供退货包运费服务，完全消除客户的购买风险。

◇ 付费会员制的设计要点

1. 俱乐部型会员制

传统的付费会员制是俱乐部型。会员权益主要是两类：一是经济权益，包括会员价（优惠价）、赠品，积分兑换奖品等；二是服务权益，包括消费资格（会员专享），免费送货与退货等物流服务，优质服务（如专人、快速服务），售后服务以及咨询服务等。

俱乐部型会员制的典范是开市客（Costco）、山姆会员店以及京东Plus等。亚马逊Prime最初也是俱乐部型，现在已经发展成为生态型；京东Plus正在向生态型、联合型发展。

案例　　　　　　　　　　星巴克的星享俱乐部

星享俱乐部的会员机制设计简洁，星享卡呈阶梯式升级，分为银星、玉星、金星三级，不同等级享有不同权益。会员卡88元，购卡注册后就成为银星会员，获得三张亲友邀请券（"买一赠一"券）、一张免费早餐咖啡券、一张升杯邀请券。每累计消费50元可以获得一颗星星，集满5颗星（消费250元）后自动升级为玉星级，集满25颗星（消费1250元）后自动升级为金星级并拥有金卡，可享有更多权益。

星巴克追踪会员的消费行为，在关键时间节点发送提醒信息，提示会员怎样晋升到下一个等级，例如："姚先生，您只需要再消费5杯咖啡，就能获得一杯赠饮啦！"也提醒消费者小心失去特权，例如："您现在有25颗星星，如果想要保持金卡级别，只需要在接下来30天内消费5杯饮品！"

案例　　　　　网易、西贝的会员计划

网易旗下的电商平台网易严选和网易考拉海购都推出了付费会员制。网易严选的会员价格是149元/年，权益包括免邮券、超级会员价、免费使用机会、内购会、双倍积分、优先客服、极速售后、亲友邀请卡等。网易考拉的付费会员年费是279元，权益包括96折、税费券、运费券、专享商品、会员日、极速退款、专属客服、新品尝鲜、工厂店礼包等。

西贝莜面村推出"西贝喜悦会VIP会员"，年费299元，包括三类特权：门店特权（一些菜品享受会员价）；甄选特权（西贝的甄选商城低价售卖优质食材，如西贝餐厅用的大米、蜂蜜、空心挂面等）；服务特权（参加西贝的"亲子莜面活动""亲子私房菜""亲子生日会""喜悦会读书会"等）。

2. 生态型会员制

经营多种业务的综合型企业实行生态型会员制，可以发挥多业务协同效应，从生态系统的角度统筹考虑客户黏性和业务收入，实现不同业务共享客户资源与交叉补贴。

案例　亚马逊 Prime 会员计划

2003—2005 年，亚马逊的营收增速从 34% 下滑到 23%。2005 年，亚马逊推出 Prime 会员计划，迅速扭转了不利局面，会员消费持续增长，营收增速强劲回升。

2005 年，Prime 会员年费为 79 美元，会员可以享受所购商品免运费两天内送达。2014 年，会员年费涨到 99 美元，会员权益更加丰富，包括观看电影和电视节目、35 万本 Kindle 电子书免费下载、无限图片存储、部分地区免费"当日达"以及多种会员专享活动等。2018 年 5 月，会员年费涨到 119 美元，会员权益更加丰富。

2019 年年初，亚马逊 Prime 会员超过 9000 万，年收入超过 11 万美元的美国家庭的 82% 都是亚马逊会员。Prime 会员年均消费 1500 美元，而非 Prime 会员年均消费 700 美元。30 天会员试用期结束后，73% 的用户成为年费会员，91% 的首年会员第二年会续费，96% 的次年会员第三年会续费。购买同样商品时，只有不到 1% 的 Prime 会员会考虑去竞争对手那里购买。2018 年，投资银行 JP Morgan 估算每个 Prime 会员的价值为 784 美元。

案例　阿里巴巴的超级会员计划 88VIP

阿里巴巴根据"淘气值"将客户分级，1000 分以下是普通会员，1000 分以上是超级会员。淘气值是衡量客户黏性和活跃度的指标，根据客户近 12 个月在淘宝和天猫、飞猪以及淘票票上的购买金额、购买频次、互动、信誉等行为综合计算得出。

2018 年 8 月 8 日，阿里巴巴推出超级会员计划 88VIP，普通会员购买 88VIP 需要 888 元，超级会员只需 88 元。88VIP 涵盖了阿里巴巴旗下所有核心服务，是多重会员身份融为一体的"一卡通"，权益包括两部分：一是电商购物享"折上折"（全年95折），覆盖国内外的大品牌（初期是88个全球知名品牌，2019年1月增加到288个）、电商直营商品（天猫超市和天猫国际直营的爆款产品）；二是"吃喝玩乐住"等生活服务类的权益全部打通，88VIP会员可以自动升级为优酷、饿了么、虾米、淘票票等的会员。

通过88VIP，阿里巴巴把旗下的电商、金融、餐饮、住宿、旅游、出行、媒体、娱乐等业务板块串联贯通，将各业务的客户激活并相互引流，充分发挥了多业务协同效应。根据阿里巴巴提供的数字，88VIP推出的第一年，平均为每个会员节省了1230元。

3. 联合型会员制

联合型会员制，就是不同行业的企业将彼此的产品或服务作为会员权益，让客户在更多元的场景下感受会员价值，同时从合作方引流新客户。实体零售、通信、金融、航空、酒店，以及电商、互联网服务等行业流行这种模式，比如企业与知名品牌合作，向会员赠送合作品牌的优惠券、代金券、消费折扣等，当前很多企业向会员赠送数字化服务（如视频、音乐、游戏、阅读等）。

寻找合作伙伴、建立联合会员制时，有两个要点：

第一，产品优质。企业的产品或服务的品质好，客户体验卓越、具有黏性，这样才能给合作方带来流量，也能转化合作方的流量。

第二，品牌定位相近。双方拥有共同的目标客户群，品牌定位相同或相似。京东与爱奇艺、知乎等开发联合会员，因为他们的目标客户追求相近水平的生活品质，具有相似水平的付费能力。

有些企业结成战略联盟，打通会员权益体系、对接会员数据，通过会员权益互通共享，实现相互导流与聚客，能够提升市场竞争力，具体表现在以下几个方面。

第一，拓展消费场景。线上商家可以引入线下商家的会员，线下商家也可以引入线上服务，此时会员共享线上线下权益，通过一个商家的入口可以下单购买另一商家的商品。商家可以跨平台提供一站式服务，实现消费场景融合，拓展更多的市场增量。例如，汉堡王与饿了么打通会员体系后，客户在饿了么平台汉堡王店铺消费可以产生积分，与在实体店消费一样，线下优惠券亦可在饿了么平台点外卖时使用。

第二，更好地满足客户需求。美洲航空公司与花旗银行就客户数据进行跨界合作就是成功典范。花旗银行通过信用卡汇集了客户消费行为的详细资料，而这些资料基本上未被利用。美洲航空公司的常旅客计划根据旅客入住酒店、租用汽车及其他消费行为向旅客奖励免费旅行里程，获得旅客的旅行行为信息。这两家企业将客户数据联结起来，马上就发现了新的市场机会。美洲航空可以提高航班上座率，新信用卡可以给花旗银行带来利润。更重要的是，企业掌握了客户接受竞争对手服务的情况，可以开展有针对性的促销活动来培育客户忠诚。

第三，提升数据价值。例如，优步获得的行车记录不仅可以用于优化派单算法，还可以帮助保险公司基于个人的驾驶习惯定制个性化的车险。

案例　　　　软银的"超级周五"活动

日本通信运营商软银与生活服务类商家联合开展促销活动，每周五通过短信向客户发送优惠券、代金券。每月的合作商家不同，如2016年10—12月是吉野家、"31冰淇淋"以及Mr. Donut甜甜圈。

活动方式灵活多样。如2017年3月逢周五发放便利店食品券，4月逢周五发放"31冰淇淋"连锁店食品券，并且针对25岁以下用户优惠加倍。这些活动取得了良好效果，1年内优惠券被使用了1200万次，客户在推特上的好评超过10万次。

案例　　　　日本茑屋书店的T卡会员

日本茑屋书店的会员卡T卡是积分卡。茑屋书店与商超、餐饮、便利店、加油站、银行、通信等行业的大型企业结盟，打造商业生态系统，将T卡推广到系统内179家企业的94万家店铺，实现积分通用，会员可以在系统内实现绝大部分需求。

通过T卡，茑屋书店掌握了7000万会员的日常生活消费数据，据此可以分析会员消费行为，描绘会员画像，实现书店精准选品、精准营销，帮助系统内企业进行会员需求洞察，提供精准营销数据支持，订单转化后获得分成。

◇ 会员物质权益的设计要点

会员权益体系的通病是权益缺乏吸引力，体系复杂、不清晰。设计会员物质权益时，要注意以下几点：

1. 权益要与客户需求、主营业务相契合

企业的主营业务不同，满足客户的需求不同，会员权益的内容应该不同。以互联网企业为例，电商类企业的会员权益侧重价格优惠和服务保障，社交平台的会员权益侧重身份标识，生活服务类企业的会员权益侧重专属服务，工具型企业的会员权益侧重功能增强。例如，拼多多目标客户的核心诉求是低价格、便利、低风险，因此，拼多多推出满减优惠券、满送、折扣价等经济权益，提供包邮、退货包运费等服务权益，让客户省心省力，消除购物风险。

2. 权益要针对客户痛点

权益要聚焦客户核心诉求，与主营业务共同满足客户需求，否则就缺乏吸引力。要谨防搞出一堆"创新产品"作为权益硬塞给会员。

企业要基于所在的专业领域、针对客户的关键痛点设计会员权益。例如，针对出行抢票困难、路途劳累、安检烦琐等客户痛点，携程为超级会员提供VIP抢票、贵宾休息、快速安检等权益；针对看视频有广告、内容更新慢、不够看等客户痛点，爱奇艺推出无广告、抢先看等会员特权。

3. 提高权益的感知价值

权益要简洁清晰，让人一眼就能看到清清楚楚的利益。例如，2020年，淘宝88VIP的年费是88元，每年可为会员节省1230元；网易严选的年费是149元，每年可为客户节省2034元。航空公司贵宾会员的升级和保级都有明确的量化指标——里程、航段数和有效期。以国航为例，从银卡升为金卡需要在指定时间内飞行8万千米或40个定级航段，金卡保级需要在指定时间内飞行7万千米或36个定级航段。有些企业的权益过于复杂，限定条件多，会员觉得企业"故意下套""制造陷阱"，产生不信任感，这就难以发挥激励作用。

企业要尽量使用自有产品或服务作为权益，这样不仅能让客户享受到优质体验，避免权益非消费者所需或者没有价值，而且成本低。例如，星巴克的积分可以兑换店内的食品、杯子、咖啡豆、咖啡器具等，航空公司给常旅客提供免费机票、升舱服务、贵宾休息室、快速办理通道、优先选择座位权利等，酒店给会员提供升级房间、使用行政酒廊、延迟退房等权益，客户感觉价值高，而实际成本很低。

权益要难以货币化。如果积分兑换的奖品容易货币化，会员发现不值多少钱，他就会将积分视若敝屣，这种权益就缺乏激励作用。例如，某连锁超市的积分规则是，每消费10元积1分，满100分即可折合100元现金使用，顾客很容易计算出来，每个积分价值0.1元；某通信运营商的积分规则是，1元话费得1个积分，1000积分可兑换10元电话卡，即1个积分价值1分钱。

4. 面向"双轨制"会员建立复合权益体系

客户数量庞大、客户类型众多的企业，通常要建立免费会员与付费会员并存的"双轨制"，如电商企业、通信运营商。以下是某领先运营商的做法。

> **案例**　　　　**通信运营商构建"双轨制"会员权益体系**

1. 完善免费会员制

针对免费会员，完善会员等级制度。一方面，完善分级标准，根据客户在网时长、消费排名和重点业务（如移动数据流量）进行分级；另一方面，完善会员权益体系。该运营商星级客户的权益体系，如图2.6所示。

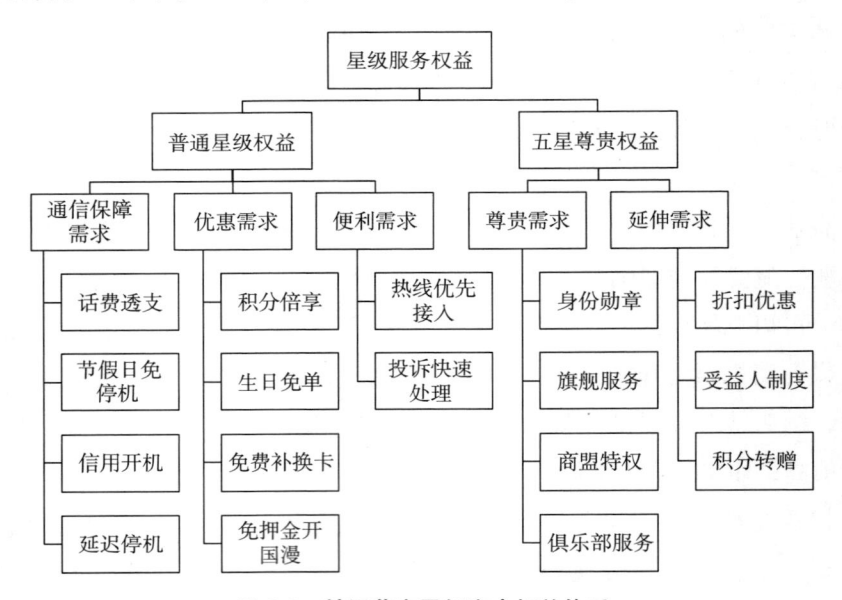

```
                           星级服务权益
                    ┌──────────┴──────────┐
                普通星级权益             五星尊贵权益
          ┌────────┼────────┐         ┌──────┴──────┐
      通信保障   优惠需求  便利需求   尊贵需求    延伸需求
        需求
      ┌─┴─┐    ┌─┴─┐   ┌─┴─┐     ┌─┴─┐      ┌─┴─┐
      话费透支  积分倍享  热线优先   身份勋章   折扣优惠
                         接入
      节假日免  生日免单  投诉快速   旗舰服务   受益人制度
       停机              处理
      信用开机  免费补换卡          商盟特权   积分转赠
      延迟停机  免押金开            俱乐部服务
                国漫
```

图2.6　某运营商星级客户权益体系

2. 试点收费会员制，构建复合权益体系

①通信权益。以自有资源为核心，包括两类：一是经济权益，包括赠送流量、免费升级、话费返还、购机优惠等；二是服务权益，包括业务体验、专属客服等。

②生态权益。打通系统内自有业务（移动支付、高清视频、云存储、音乐、游戏、阅读等），共享客户资源，提升客户体验。一是账号对接，提升登录体验；二是数据互通，实行以手机号为基础的统一认证，实现积分互换乃至会员互认；三是整合资源，梳理各业务的合作商家，集约管理合作伙伴资源，统一合作政策，避免冲突，实现协同。

③合作权益。聚焦生活服务领域，选择头部企业开展广泛合作，包括线上的视频、音乐、游戏、出行、外卖、旅游、教育、健康，以及线下的零售、航空、酒店、智慧家居等企业，向会员提供合作企业的服务，例如赠送合作商家的会员资格、体验券、专属折扣券、优惠券等，推进积分互换，建立积分联盟，建立通信积分与合作商家的积分互换机制。

5. 区分会员制与资费模式

资费模式，即计价方式，包括零售价（如按照使用次数付费），批发价（如包月模式），预付费（折扣优惠、分期返还等），以及单业务计费，多业务计费（套餐模式）等。

有些资费模式具有留存客户的作用，例如：

①预付费优惠，商家通过大额消费折扣诱使消费者提前存入一定额度现金。例如某餐馆的储值卡，储值 500 元打 8 折，储值 1000 元打 7 折。

②订阅模式，即用户按月（或年）缴纳使用费，通常称为"会员服务费"，在线软件、视频、音乐、游戏、阅读等互联网服务普遍采用这种资费模式。

案例　　　　在线视频："会员服务费"成为主要收入

传统视频网站是让用户免费观看，通过广告获取收入。随着版权意识兴起，版权成本提高，人们越来越追求服务品质与消费体验，而视频内容的边际成本很低，近年来，人们逐渐接受了付费观看方式。

1999 年，奈飞推出收费模式，没有广告和衍生品销售，客户体验好，付费客户数量逐年增长。

2011 年，爱奇艺推出付费 VIP 服务，会费首月 6 元，会员权益包括跳广告、院线新片、热剧抢先看等。2017—2019 年，付费会员数分别达到 5080 万、8740 万、1.07 亿。随着付费会员增加，会员服务费超过广告收入成为主要收入，2019 年达到 144 亿元。

◇ 会员精神权益的设计要点

1. 给客户优越感，满足其精神需求

物质利益刺激，如折扣、赠送、包邮等，针对人们的基本需求；精神利益刺激，如给予客户优越感、成就感，以及让客户拥有期望的社会形象等，针对人们的高级需求。

传统的会员制强调物质利益刺激，忽视精神利益刺激。很多情况下，精神驱动强于物质驱动，人们追求优越感的动力比免费或折扣的吸引力更加强大，人们追求特权，想要展示别人得不到的、独特的东西。

精神利益刺激有助于客户养成使用习惯。例如，微信朋友圈、微博、脸书等社交媒体上的"点赞"功能，就使客户养成了发布信息和评论的习惯。针对经常给商家留言的活跃客户，Yelp向其颁发"精英"奖章，并且给予他们参加Yelp活动时提前入场等特殊待遇。

对于消费金额多、消费频次高的中高端客户而言，基本需求已经得到满足，特殊待遇、"优秀客户"称号等精神权益带来的优越感、愉悦感比物质奖励更有吸引力。越是高端的客户，优惠折扣的吸引力越低，更好的礼品和专属特权才能产生足够的激励，如迪士尼乐园双人游、蒂凡尼礼品卡、私人派对、个人肖像漫画等。

案例 　　　　　　　　传统行业的精神权益设计

航空公司给予贵宾乘客优越感，包括使用贵宾休息室、优先值机、检票时直呼乘客姓名、提前登机、提前下机等高级待遇，这比奖励飞行里程、折扣机票和升级至头等舱等物质激励更有价值。

时装店的高端会员对价格不敏感，却喜欢特殊待遇，因此需要专门店员为其服务。专门店员知道高端会员喜欢的款式和风格，当有新品到货时及时与其联系。

2. 精神权益的设计方法

企业在实践中摸索出了一些行之有效的、低成本的精神激励方法。

（1）认可成就

客户看重来自品牌方的认可，即便是很小的认可。常见做法如下。

①授予荣誉或勋章，满足人的尊重需求。如"最佳客户""创始会员""VIP会员""创意先锋""智慧大师"等。勋章是一种荣誉象征，QQ会员、网络游戏、微博等流行这种激励手段。

小米成立初期，每年年底组织广大粉丝开一场华丽璀璨的"爆米花年度盛典"，公司高层经理到场，和粉丝们一起玩游戏、拍照，品尝为盛典定制的爆米花。小米会挑选几十位资深粉丝，为他们专门制作宣传短片，邀请他们走红毯，授予他们"金米兔"奖杯，让他们成为《爆米花》杂志封面人物，以表达公司对他们贡献的认可。

②树立榜样。方法多样，如日榜、月榜、季榜、年榜，也可设置创意榜、卓越贡献榜、最佳客户榜等。

③成就推送。当客户完成一个里程碑事件时，及时祝贺他们。咕咚运动是一款个人运动记录APP，当你走到当日第一万步时，它就会给你发一条祝贺信息。博客平台Medium会在客户文章被推荐50次或100次时向客户发送邮件。大多数客户推荐计划都内置了成就推送功能，一旦有客户的朋友加入时，就会向客户发送信息，鼓励他们邀请更多朋友加入。

④认可通知。当有人认可客户时，及时通知他们。例如，领英给客户发邮件告诉他们有人认可了他们的技能，微博、推特会提醒客户有人为他们点赞或者转发他们的微博。

（2）等级

社交媒体、论坛和社区等流行这种荣誉激励制度，以鼓励用户积极参与、贡献大量内容。例如，曾经火爆一时的天涯论坛，会员等级包括贫民、绅士、骑士、爵士、国王、皇帝，每个级别都有相应的荣誉和特权。

排行榜是一种特殊的等级制度，通过对比来满足会员的参与感和虚荣心，例如走路步数、打游戏分数在朋友圈排名,还有会员成长值排行榜、会员购物总额排行榜等。

设计等级制度时,要注意几点:等级特权,要让会员有被人羡慕的荣誉;等级密度,要让会员有不断升级的快感;升级制度要游戏化,既好玩,又能激发攀比心理,让会员乐在其中、欲罢不能。

(3)认证

认证是一种身份的标志,能够提升会员的社会形象。对于社交、社区以及娱乐类产品,认证具有较强的激励效果,例如,QQ体系下的会员认证曾经风靡一时,很多人充值就是为了一个认证的图标。

案例　　　　　　　　　微博给予会员的精神权益

·微博会员:微博为会员提供的尊贵服务包括装扮、身份、功能、通信等特权。

·微博等级:用户每天登录就可以获得活跃天数,从而获取等级。等级越高,享有的特权越多。

·微博达人:微博中的活跃分子、"草根"中的明星,拥有专属的身份标识、炫酷的勋章等。

·粉丝数量:用户可以炫耀自己的粉丝数量,这要求用户提供更多的高质量内容去吸引粉丝阅读、评论与转发。

·微博勋章:展现用户的活动经历和个性,样式吸引网友。

·网络"大V":"大V"是经过微博实名认证的高级账户,知名度较高,拥有大量粉丝,能够引导网上的言论和话题。

(4)特权

有的企业给会员提供独家限量款商品,或者新款商品的优先使用权,还有企业以会员的名义进行慈善捐款。在亚马逊的Prime Day活动中,会员能够提前半小时抢购特价商品。小米发展初期，产品上市后通常很快就销售一空，为了让老客户能体验到新产品，公司设计了F码，持码人有优先购买权。

（5）联谊活动

会员联谊活动可以使品牌有与客户接触互动的机会，建立情感联系，这尤其适用于产品创新性较强或者比较复杂，品牌代表一种生活方式，品牌个性鲜明的情况。例如，苹果公司、哈雷摩托、小米科技，以及保险公司、投资理财公司等，就经常举办各种客户联谊活动。

3. 精神权益与物质权益相结合

将优越感、社会地位等精神利益与物质利益结合起来，往往能发挥最佳激励作用，社交媒体、网络游戏以及零售、航空、信用卡、餐饮、酒店等行业对此驾轻就熟。例如，QQ会员建立了完整的激励体系，有精神激励，如QQ会员等级上升、排名靠前；有物质激励，如下载带宽提高、理财免佣金，以及产品个性化定制功能，如自定义头像、魔法表情、QQ群规模与可加好友人数等。

4. 设计精神权益、打造优越感，需要发挥创造力

给会员打造优越感，需要在日常运营工作中发挥创造力。一般而言，可以从以下维度进行思考：怎样让会员觉得自己是一个"明星""大人物"？怎样让会员更省心更方便？怎样节省会员时间？怎样给会员提供独特的服务？怎样让会员感觉自己获得了独特的服务？诸如此类。

案例　　　　　　　　　　　　　　设计精神权益

- 迪士尼提供的VIP观光服务，包括去景点不排队、在VIP座位观看演出等。

- 有些餐厅允许VIP客户不排队或优先使用保留的餐位。

·欧洲一家餐厅的菜单上写着:"即使是教皇,没有会员卡也不能点这张菜单上的菜!"

·美国一家餐厅面向啤酒爱好者成立了一个马克杯VIP俱乐部,会费每年79美元。会员可以在餐厅特定区域展示自己的马克杯和刻着自己名字的青铜吊牌,还可以享受每杯啤酒多送四盎司等福利。会员们在镁光灯下看到自己的名字,感到自己很重要,受到认可,觉得自己就像一个明星。没几天,100个会员资格就告售罄,展示马克杯的位置也被占满了。会员们都很喜欢这种感觉,没人想失去自己的位置,有些客户申请为第二年的会员资格提前续费。

4 忠诚第四招
运营客户社群

企业运营客户社群，
开展圈层营销、内容营销、直播营销，
能够培育客户归属感，提高客户忠诚度。

◇ 通过社群培育客户的归属感

1. 归属感驱使人们加入社群

在漫长的进化过程中，人类选择群居模式来弥补个体能力的不足，提高生存率，由此进化成为社会性动物。

归属感是人类在漫长的群居时代形成的本能，是个体对群体产生的一种复杂的、正向的心理感受，包括个体被群体所吸引、所认可、所需要以及安全的感觉。归属感驱使人们加入群体，对群体产生黏性，难以离开群体。

社群，又称社区、部落、圈层，就是人们基于共同的需求、兴趣爱好、价值观或信仰所形成的群体。所谓社群效应，就是"物以类聚，人以群分"。

新媒体时代，构建与运营社群变得很简单。人们因相同的兴趣而自发地连接起来，组成社群，彼此分享和交流。在社群内部，成员间的联系不断强化，每个人都是节点，传播变成了所有人对所有人的传播。社群成员承担信息传播者与接收者的双重角色，具有更高的表达欲、参与度和创造性。

2. 运营客户社群，打造客户的品牌归属感

客户社群，也称品牌社群，有些是企业（品牌）建立的，有些是客户自发成立的。客户社群的类型多种多样，包括线上的或者线下的客户会员组织、粉丝团体、客户联盟或俱乐部等。构建客户社群的工具很多，如官方网站、APP、论坛社区、社交媒体、电商、短视频、直播等平台。

根据社群成员的行为不同，客户社群可以分为内容型和社交型。内容型也称浏览型，社群运作主要依赖大量专业内容。社交型也称互动型，社群运作高度依赖成员之间的互动交流等，对专业内容的依赖较少。事实上，大部分社群都是复合型社群，有的以专业内容为主，有的以成员交流为主。

为客户创造价值是社群存在的基础。企业运营客户社群，就是将目标客户汇集成社群，作为企业（品牌）与客户沟通的平台、客户相互交流的平台，同时汇聚对客户有用的信息，培育客户的归属感，使客户与品牌建立紧密连接。

归属感会提高社群成员的购买转化率，提高客户的转换成本，客户愿意在品牌上花费更多，愿意为品牌创造内容，主动去推荐新客户。

案例　　　　　　　　　　　哈雷车主俱乐部

1983年，为了阻止销售额下滑的趋势，哈雷公司创立了哈雷车主俱乐部（The Harley Owner's Group，HOG），这是美国影响力最大的俱乐部，会员超过90万人，拥有1400个分会，遍布美国各州，还发展到多个国家。1998年哈雷95周年庆典时有14万人参加。2003年哈雷百年庆典时，25万人聚集在哈雷生产基地密尔沃基市（Milwaukee）庆贺。

通过HOG，哈雷公司直接与客户沟通，掌握客户的需求和愿望，了解客户喜爱什么样的创新产品，并让客户检验新产品。

3. 社群管理员的职责

社群是企业与目标客户沟通的最短路径。企业传统的销售、客服、技术支持等岗位员工要转型为社群管理员，与客户高频互动，提供有价值的内容，解决客户的问题。社群管理员不仅是"客服"，还承担着"群主""营销""宣传"等角色。

社群管理员与客户互动的内容主要涉及以下几个方面。

①答疑解惑，处理客户的各类提问、咨询、求助，收集客户的需求、反馈与建议。要点有二：一是企业要总结出客户可能提出的问题，建立标准答案库，提高社群管理员的工作效率；二是社群管理员要及时回复客户，例如，对客户的每一条信息，5分钟内予以回复。

②传递品牌理念，宣传企业的重要活动。

③向客户提供售前、售后服务。

④提供与产品相关的专业知识。形式包括教程信息、话题讨论、短视频和直播等，解决客户各种实际问题。

⑤发布营销活动信息。如新品上市、折扣、抢购、秒杀、拼团、助力、分享礼券或者红包等。

⑥社群管理。譬如，如果有人在群里散播广告，发布违法信息，要及时察觉并予以警告，甚至让其离开社群。

案例　　　　　　孩子王：无互动，不关系

2012年，婴童产品服务商孩子王成立不久，创始人汪建国就定了一个很高的目标：每家店每年要搞1000场活动。这意味着每家店每天要搞3场活动，全体员工的工作重点就是搞活动，而不是等客上门、卖货。于是，广大员工就去社区邀请有孩子的家庭参加各种各样的主题活动，例如，请妇幼保健院的主任医师举办育儿知识讲座，邀请新父母、准父母参加，这满足了他们的

育儿知识需求。

孩子王开展多种亲子互动活动，让孩子们在欢快的氛围中学习知识。针对不同年龄段的孩子有萌宝爬爬赛、玩家俱乐部、走走赛、定制抓周礼、定制上门生日会、缤纷夏/冬令营、童乐会等，针对孩子的父母有新妈妈学院、一日父母体验馆等。通过各种各样的互动活动，建立起紧密的客户关系和良好口碑。

孩子王7000多名导购员作为专业育儿顾问，实时服务着千万会员，充当着新父母们的"万能百宝箱"和"行走的育儿百科全书"，成为孩子王与会员之间情感的纽带和信任的桥梁。

4. 坦诚沟通，培育客户忠诚

社群管理员要想与客户建立情感连接，必须融入社区氛围当中，以真诚互动和高价值的内容，让客户认同品牌、相信品牌，直至离不开品牌。如果一味冷冰冰地做广告、硬推销，就会引起客户反感。

互动产生情感，情感产生黏性。一旦互动起来了，企业了解了客户，客户也了解了企业，关系就建立起来了。一旦客户对企业的社群管理员产生了正面情感，他们之间的关系就很难被撼动。社群管理员有了一群认可他的客户，他就不是在打工，而是在从事一项事业，这会激发他的创造力。

企业与客户坦诚沟通，能够给客户参与感，增强情感纽带。很多客户乐于参与企业的品牌塑造、营销策划等活动。企业要建立畅通的沟通渠道，让客户易于发表评论、提出修改意见，并及时予以反馈、鼓励，让客户有被尊重、被重视的感觉，从而积极参与讨论；企业要塑造平易近人的形象，拉近与客户的距离。

忠诚客户对企业的一举一动都非常关注，甚至会主动传播有关企业的正面口碑信息。如果沟通不到位，有些客户可能会假装成"黑粉"，"找碴儿"批评企业。

随着企业与客户的联系加强，客户需要企业提供的支持和服务可能会减少，有些客户还会主动承担问题解决者或服务提供者的角色。

案例　麦当劳：与客户坦诚沟通

麦当劳加拿大公司开设了一个名为"our food, your questions"的网站社区，消费者可以询问关于麦当劳的任何问题。2012年有人在社区提了一个尖锐的问题："为什么麦当劳店里的汉堡与广告中的汉堡不一样？它为什么没有广告中看起来诱人？"针对这个问题，麦当劳专门拍摄了一个视频，详细记录了广告中的汉堡是怎样一步步制作出来的，包括看起来诱人的番茄汁是如何用针筒一点点放上去的，后期是怎样进行视频处理的。这段视频被上传到YouTube后，浏览量很快达到了数百万次。

该社区还有很多刻薄的问题，比如"你们的松饼中使用的是真鸡蛋吗？""你们使用的牛肉有添加剂吗？"对于这类问题，麦当劳毫不回避，耐心解答。麦当劳在全球都是如此，例如2005年开始在中国推出了"后厨开放日"活动。

案例　小米：与客户进行极致交互

小米通过建立"小米社区"、开设"小米之家"、举办"米粉家宴"、推出特别版产品、邀请资深客户参与产品发布会等举措，贴近客户，倾听客户心声，给客户带来群体归属感和情感认同。

成立初期，小米与客户交流的主要场所是论坛和微博。当时，小米论坛上每天有实质内容的帖子可达8000多条，每位工程师每天要回复150条帖子，雷军每天也要花1小时进行回帖。对客户的帖子、问题（即使是一个表情符号），要以最快速度进行回复，回复不能少于14个字。每个帖子后面有状态显示该建议被采纳的程度以及给予反馈的工程师ID。凡此种种，目的就是要让发帖者感觉受到重视。

同城会是小米与客户沟通的线下平台之一。每隔一段时间，小米会在客户较多的城市举办同城会。小米根据用户数量的多少来决定举办同城会的顺序，然后在论坛上进行宣传，客户可报名参与，每次活动会邀请几十位老客户莅临现场，与工程师面对面交流，这充分满足了客户的参与需求。

这些做法培养了大量"米粉"，他们不仅购买小米产品，还将小米产品分享给朋友，成为小米的代言人。

◇ 社交型社群的运营要点

新消费时代，人们对自己的定位日益清晰具象，愈加渴望彰显个性，越来越多的人热衷于部落化、圈层化生存——在圈子中获得某种身份认同，共享消费偏好与消费信任。消费的社交属性越来越强，消费不再是单纯的购买行为，而是基于社群归属感和认同感。社群成员相互之间产生社交黏性，成员离不开社交圈子，间接导致其离不开品牌社群，对品牌产生黏性。

案例　　品牌社群成为社交圈子

汽车品牌设立车友俱乐部，发起各种"周末游"活动，培养车友之间的友谊。车友们换车时，如果换其他品牌就会离开这些熟悉的朋友。

炒股软件建立线上投资俱乐部，让大家在论坛、群组里分享、讨论。用户如果更换了炒股软件，就会失去现有的投资者朋友。

耐克建立跑步俱乐部，把消费者连接起来。在耐克的网站上，品牌粉丝可以围绕共同的兴趣进行互动或组织活动。

连锁超市乐购将客户分到13个不同的"俱乐部"，依托各地连锁店组织不同的活动，把"俱乐部"发展成客户社群。这种紧密的关系不仅凝聚了乐购与客户之间的情感，也凝聚了广大客户之间的情感，这种人际情感会转换成消费者对乐购品牌的情感忠诚。

社交型社群的运营要点如下。

1. 明确定位

随着消费需求日益多元化、个性化，客户社群越来越细分化、专业化。社交型社群通常被定位为客户社交平台，客户在平台上能够找到同类的人，比如找到共同学习的人，相互帮助，提高学习效率。

企业运营社交型社群时，定位不能大而全，应该针对特定圈层人群打造专属的存在感和归属感。

2. 开展圈层营销

2006年，美国网络专家Jakob Nielsen提出了网络社群的"1/9/90"模型，根据个体对社群的贡献和影响力，将社群成员分为三类人：1%的原创客户、9%的互动客户和90%的浏览客户。该模型适用于大多数网络社群，例如，某网站每月有数十万访问者，其中，几百人会积极地写游记、上传照片，几千人会参与评分与讨论，大多数人只是浏览内容。事实上，有时候不是"1/9/90"分布——维基百科（Wikipedia）甚至是0.003/0.2/99.8。

通常情况下，网络社群由核心层、影响层与外围层构成，三层的成员是三类人：核心层是极少数社群核心成员，他们主导整个活动；影响层是少数骨干分子，他们冲锋在前，影响大众的行为；外围层是占大多数的社群普通成员，他们易受影响，随大流。

对于社交型社群，极少数KOL（意见领袖）说话，少数KOC（消费领袖）评论转发，大部分普通成员围观；对于内容型社群，极少数核心成员贡献大部分内容，少数骨干成员会发表评论与互动，大部分成员只是浏览。

如果成员是100个人，那么，核心层是1个"领导"，影响层是9个"骨干"，外围层是90个"群众"。

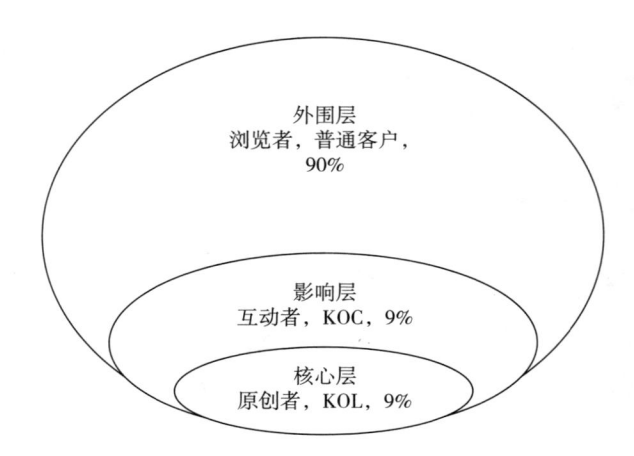

```
     外围层
  浏览者，普通客户，
       90%

     影响层
  互动者，KOC，9%

     核心层
  原创者，KOL，9%
```

图 2.7　网络社群的成员构成

所谓圈层营销，又称影响力营销，就是根据客户社群的成员构成规律，寻找少数有影响力的成员，如明星、网红、达人、粉丝等，利用他们影响广大普通客户的消费行为。

在社交型社群中，少数的 KOL（明星、网红等意见领袖）和 KOC（达人、粉丝等消费领袖）对其他人具有较强的影响力，企业要注意寻找这些有影响力的人，以小博大，利用他们来影响广大普通客户。详见"口碑第四招：利用意见领袖 KOL""口碑第六招：利用消费领袖 KOC（品牌粉丝）"。

3. 组织社交活动

常见方法如下。

①打造社交圈子，吸引社群成员开展社交活动。

②赞助社群活动。例如，芝华士（Chivas）经常赞助各种大型夜场聚会，提供优惠产品。参加这些聚会的青年男女是芝华士的主要消费群体，赞助这些活动，可以让目标客户体验产品，形成口味依赖，从而对品牌产生好感。

③构建体验场所。例如，有些红酒品牌构建体验式会所，汇聚有共同兴趣爱好的消费者，开展体验营销。

④众包与众筹。组织大家分工协作，高效率完成一项普遍感兴趣、有一定难度的社群活动，例如红包接龙等轻量游戏。

> **案例**　　　　　　　健身房运营会员社群

对很多人来说，健身是一种枯燥的活动，难以长期坚持。怎样吸引会员坚持健身呢？某健身房的做法如下。

①加强社群运营。健身房设置社群运营人员，可以让感兴趣的教练或会员兼职，负责管理会员信息、组织活动、发布内容、线上宣传等。

②组织社交活动。健身房可以建立会员社群，让大家相互交流心得体会，组织各种线上活动、周末派对，甚至单身派对，这增加了会员来健身房的理由。

③提高健身活动的趣味性。例如，设置"月勤奋排行榜""周勤奋排行榜"，各类器材成绩排行榜，提供一些小奖品，让人心情愉悦；建立会员档案数据，将会员成绩可视化，会员可以随时查询自己的成绩，可以相互PK。

④提供有价值内容。在社群里发器械使用方法、健身心得体会等专业内容。

4. 提高社群活跃度

常见方法如下。

①鼓励新客户添加好友。研究发现，新成员在社群中结识的好友数量的多少，决定了其在社群中的活跃程度，好友数量越多，人们在社群中留存时间越长，活跃度越高。领英发现，如果客户在注册账号的第一周内添加了至少5个好友，他留存的可能性就比较高，于是公司鼓励客户在第一周添加更多好友。

②制造话题。根据品牌与产品的性质以及目标客户定位，结合目标客户的习惯、喜好与心理特点，制造有吸引力的话题。

③举办有奖互动活动。形式要简单，以降低客户参与门槛。例如知乎的积分规则之一是，当群内用户提出问题，最先回答且获赞数量最高的用户可获得双倍积分，积分可兑换充电宝、雨伞、笔记本等礼品。

④点赞客户帖子。与客户沟通时，要富有同理心，多赞美，多引导，让

客户感觉被尊重、被需要、被认同。

⑤运用社群工具。例如，利用智能客服机器人协助进行成员管理，利用虚拟插件制造氛围、提升人气等。

案例　　　　杜蕾斯运营微博社群

微博是杜蕾斯与广大粉丝（微博将关注者称为"粉丝"）交流的主要场所，也是它进行品牌展示、广告宣传的舞台。

①借势热点，紧跟潮流。杜蕾斯微博上每天都有年轻群体关注的、热门的、情感与两性方面的话题，吸引粉丝参与讨论。

②制造话题。设定固定话题与随机话题，固定在某个时间点发布或者随机发布，培养粉丝的互动习惯。固定话题"杜绝胡说"，是杜蕾斯每天晚上十点左右发布的粉丝互动话题，固定的推送时间，固定的标签，描述语是"你知道杜杜吗？想不想深入了解你的Ta？来和杜杜畅所欲言吧！"。固定话题"最粉丝"采用"话题+某个粉丝留言"的形式，抛出话题后都会附带一个粉丝的言论，给其他粉丝参考，鼓励粉丝大胆表达自己观点。

③引导粉丝参与互动。引导文案刺激粉丝的好奇心与探知欲，勾起粉丝的表现心理，或者引发粉丝共鸣。利用引导性词语，比如"你认为""是什么""你呢""说说"等，直白地邀请粉丝参与。

④及时回复粉丝留言。对粉丝留言尽量全部予以回复或点赞，让粉丝有强烈的存在感。如果留言较多，可以选择回复点赞数居前的留言，或者对有趣、好玩、贴切的留言予以回复。

⑤内容引发好奇心。杜蕾斯的海报设计，内容隐晦，画面暗含玄机，令人脑洞大开；"傲娇式"文案，如"亮点自寻""看不懂莫强求"，带点挑衅意味，这激发了粉丝的好奇心与好胜心，他们纷纷在评论区发表见解，使社群更加活跃。

◇ 内容型社群的运营要点

1. 用优质内容粘住老客户、吸引新客户

数字时代是内容营销时代，内容越有吸引力，获客成本越低。企业构建内容型社群，向现有客户与潜在客户提供有价值的信息内容，包括各种专业知识、产品知识、品牌活动、营销活动等，可以吸引、留住目标客户。

不同品牌需要为消费者提供不同的专业内容，例如：母婴品牌提供怀孕与不同年龄段儿童的育儿知识；服饰品牌提供流行穿搭趋势、试穿效果展示；美妆品牌提供流行的妆容趋势、化妆技巧和产品使用效果；旅游网站展现旅游景点的美景，给出行程建议；投资机构提供个人理财课程；食品店提供烹饪知识；汽车维修店提供汽车维修课程。

有些社群型产品通过免费优质内容吸引目标客户，再通过广告或者销售佣金获取收入，这是当前流行的社群商业模式。例如，大姨妈和美柚等内容平台 APP 提供女性健康管理方面的知识，这吸引了大量注重生活品质的女性白领，自然就成为女性健康等领域产品的良好平台，如姜汁糖茶。"凯叔讲故事"聚集数百万年轻妈妈，自然就成为推广奶粉等婴幼产品的良好平台。

案例　　辣妈帮：知识社区与情感交流平台

辣妈帮是提供育婴专业知识与客户相互交流的社区平台，满足年轻妈妈获取知识、沟通交流、表达情感、生活购物等需求。内容涵盖女性"备孕—孕期—分娩—育儿"4个重要时期，妈妈们不仅在线上一起探讨家庭关系，分享情感、育儿心得、职场状况，还从线上走到线下，定期约会，组织活动，共同购物。

开发孕期伴侣服务。辣妈帮为准妈妈、新妈妈提供科学的孕期指南及圈子交流服务，聘请妇产科、营养及儿科等专家讲解孕产期知识，针对各种孕期及新生儿常见问题，提供专业解答服务。

建立专业内容团队。辣妈帮 2015 年成立内容中心，吸引母婴杂志的编辑人员加入，为妈妈们提供全面、专业的知识服务；2016 年，上线"辣妈帮直播"，权威育儿专家开展直播；鼓励客户制作内容，由内容团队挑选、加工，转化为具有分享价值的专业内容。

案例　ESPN 网站：体育爱好者的网上乐园

ESPN 网站上有海量的体育信息、统计数据和最新的比赛动态，包括足球、棒球、篮球、冰球以及扑克比赛等。世界各地的体育爱好者可以根据自己的运动偏好和喜欢的球队，定制属于自己的个性化内容；体育爱好者可以在网上讨论，可以互为好友并相互发送信息，在信息栏和博客中发表评论；客户可以利用免费下载的各种小工具和应用软件，定制自己的网站体验，在各种终端上实现信息同步。

案例　电商网站：通过优质内容吸引客户

电商网站打造优质内容，包括漂亮图片、直播、分类点评等，吸引客户来"逛"。有些客户只逛不买，只看内容，不购买商品，其实他的购物车、收藏夹里已经装满了心仪的东西，只是在等待打折的时机。

例如，阿里推出淘宝头条，发力视频直播，招募大量网红；京东推出主打年轻人穿衣搭配的京致衣橱，推出 JD 妈妈帮，启动宝宝成长计划等，都是通过优质内容吸引客户。

美丽说最初是一家以女性时尚分享为主的社交媒体，把相同兴趣爱好的人聚集在一起，让大家相互分享经验、推荐商品，源源不断地产生大量优质内容，从而吸引了更多的时尚女性。

案例　穷游网：通过社区专业内容汇聚客户

穷游网目前是国内领先的出境旅行服务平台，提供原创实用的出境游指南、攻略，旅行社区和问答交流平台，以及智能的旅行规划解决方案，还提供各种出境游增值服务。

穷游社区包含论坛、目的地、问答等多个功能板块，吸引了广大出境游用户。

论坛：汇集千万达人用户和海量的高质量游记攻略。用户在这里分享自己的旅途游记、干货攻略、旅行感悟，以及突发事件提醒等。优质游记攻略会被评为"精华"，推荐给更多用户。

目的地：穷游目的地提供全球超过千万个境外景点以及相关的美食、购物、活动的基础信息，通过整合接入穷游锦囊、点评、图片、攻略游记、穷游问答等多样的内容，全面介绍境外目的地的情况，服务用户境外自由行。

问答：用户互助解决各类旅行问题，分享实用资讯，讨论交流。

穷游网将社区与工具结合，推出旅行周边工具性产品，如规划行程的"行程助手"，与旅行社合作销售"穷游折扣"。

2019年年底，穷游网拥有4000万社区用户、3000万移动端APP用户。针对这些用户，穷游网综合考虑性价比、实用性，挑选相关产品打包组合，提供出境游综合解决方案服务，包括机票、酒店、保险、签证、租车、门票以及邮轮预订等。

2. 内容社群运营的关键：吸引、鼓励原创者创造内容

内容社群的成员包括三类：原创者、互动者与浏览者。

原创者是内容创造者。这类人的数量少，他们创作了绝大部分内容，包括网页、博客、视频、帖子等，是内容社群的关键。社群运营方（内容平台或品牌方）要积极主动地拉拢他们，让其感觉自己被需要、被追随、被夸

奖，鼓励他们源源不断地创造新内容。原创者创作的内容易于得到读者的反馈，运营方要为其量身定做专用工具，方便他们高效生产优质内容，例如Instagram、Pinterest、Tumblr、Apple Keynote等平台开发了滤镜、主题、板型等工具。

互动者是内容传播者。这类人的数量较多，他们在社群的行为包括签到、点赞、回帖参与讨论等。他们通常会欣赏、鼓励原创者，促进内容生产与传播，提升社群活跃度。平台要关注互动客户的需求，增强社群的聊天、简讯、分享等沟通功能，为他们提供方便。

浏览者是内容消费者。他们习惯"潜水"，只看不说，属于"沉默的大多数"，是社群的基础。社群运营方（平台或者品牌）要给广大读者舒适、流畅、相关度高的内容浏览体验。

如果社群缺乏优质内容输入，社群内有价值的信息变少，社群带给成员的帮助或愉悦感就会减少，社群就会逐渐变冷。

优质内容来源于内容创造者。在社群发展初期，要正确选择第一批客户，选择、吸引优秀的内容创造者至关重要。例如，Pinterest（拼趣）是一家以兴趣为基础的图片社交网站，2010年在美国旧金山成立，目标客户是欧美家庭主妇。创始人发现，在成立初期，网站成功的关键是拥有美丽的照片可供分享，因此网站重点发展摄影师来创造优质内容。如果网站在起步期只是吸引了家庭主妇，没有摄影师去创作、提供优质图片，客户社群就发展不起来。

案例　　　　　　　　爱彼迎：优质房屋图片是关键

爱彼迎（Airbnb）成立于2008年，是国际知名的民宿预订平台，通过连接游客和有空房出租的房主，提供各种住宿信息，客户可通过网络或者手机发布、搜索以及预订房屋。

发展初期，爱彼迎的客户社区冷冷清清，浏览者很少。为了聚集人气，提高客房预订量，爱彼迎的创始人分析经营数据，发现纽约市的预订异常低迷。他在浏览平台上的纽约房源时，发现房屋照片都是手机拍摄的，效果很差（当时的手机拍摄功能较弱），他猜测预订量低可能是租户看不清房屋情况导致的。

创始人认为，作为租房信息分享社区，网站上需要有丰富、优质的房屋图片。于是，他租了一台价值 5000 美元的高档相机，挨家挨户地去拍摄待出租公寓的照片。然后，他对比分析有新照片的公寓和其他公寓的预订情况，发现新照片带来了高于其他公寓两三倍的预订量。

为了提高整体预订量，2010 年夏天，爱彼迎推出一个摄影计划，让房东可以预约专业摄影师上门拍摄房屋照片。爱彼迎首批招募了 20 位摄影师，后来又招募了上千名自由职业摄影师。这些摄影师拍摄了很多漂亮的房屋照片，给租客良好的视觉体验，这吸引了大量租客，社区渐渐有了人气，几个月后，爱彼迎的预订量提高了 2.5 倍。

案例　社交媒体：鼓励达人创造优质内容

新浪微博授予微博达人炫酷的勋章、专属身份标识，以满足其虚荣心。要想成为微博达人，需要发表大量高质量的微博，吸引庞大的粉丝。达人还分级别，需要不断升级提高等级。这样一来，在少数达人的带动下，微博的客户数量与活跃度得到提高。

社交网站 MySpace 成立之初，吸引了大量歌手入驻。这些音乐达人在网站上发布信息，很快就引来了大量粉丝，提升了 MySpace 的广告价值。

YouTube 上的视频发布者很多，其中，拍客达人、原创达人具有较大影响力，能带来大量的浏览量。为了鼓励内容创作者创作更多优质内容，YouTube 实行广告费分成政策，每 1000 次浏览平均支付给内容创作者 18 美元的广告费。有数据显示，2019 年年底，网红李子柒在 YouTube 上有 800 万粉丝，每月广告分成达数百万元。

◇ 社群运营新工具——直播营销的运营要点

1. 直播营销的优势

2019 年，薇娅、李佳琦等网红直播创造的销售量曾经震撼市场。

2020 年，新冠肺炎疫情导致线下商业停滞，直播营销充分发挥了"宅经济""非接触经济"的优势。各行各业都将营销主战场转到直播平台，网红、明星、店主、导购、微商、企业家以及政府官员纷纷变身"主播"，涌向直播间为品牌代言，推销商品。2020 年 6 月，人社部在"互联网营销师"职业下设立新工种"直播销售员"，将直播营销热潮推向高峰。

根据中国演出行业协会网络表演（直播）分会发布的《2020 年中国网络表演（直播）行业发展报告》，截至 2020 年年底，我国主播账号超 1.3 亿，网络直播用户 6.17 亿，电商直播用户 3.88 亿，2020 年电商直播市场规模 9610 亿元。就平台来说，2018 年淘宝直播销售额约 1000 亿元，2019 年约 2000 亿元，2020 年超过 4000 亿元；就主播来说，2020 年薇娅的销售额为 310 亿元，李佳琦的销售额为 218 亿元。

未来，直播将成为电商和社交平台的标准配置，直播员将成为常态化职业。直播营销之所以能获得发展，源于其具有的两个方面的优势。

（1）成本低，简单方便

直播电商属于零售业，只不过传统的摊位、柜台前最多几十个人围观，现在坐在手机前直播，可以给几百万人讲解，覆盖人群更广，成本更低，更方便。2020 年年初的疫情期间，笔者一位开饰品批发城的朋友关闭了旗下的十几家线下连锁店，将批发市场变成直播基地。他说，运营一个直播号就是开一家门店，培养一个主播就是培养一名店长。

直播销售的成本低。笔者一位朋友以前开实体店，在疫情期间转型成为主播。她说，她以前开服装饰品实体店，房租、装修、压货起码需要 100 万元，而在抖音、快手上开直播，每天花几千元就能买不少流量，直播间流量再少也比实体店的人流量多，还节省了其他费用。

（2）高效展示商品信息，客户体验好

随着社会基础设施的不断发展，零售业态不断演变，从地摊、店铺、电视购物，到电商，商品展示方式由文字、图片发展到短视频，沟通效率越来越高。电商为消费者克服了时间空间的限制，但商家不能及时解答消费者的问题，消费者只能看，不能摸，不能试。

电商的商品展示方式不同，购买转化率不同，根据笔者考察，不同展示方式所带来的转化率的大致水平是：图文信息是1%，短视频是3%，而视频直播是7%。

直播电商使购物体验发生了革命性变化。通过"视频展示+讲解推荐+现场测评+实时互动"的方式，直观展示商品的复杂信息，包括新功能以及客户体验情况，营造亲临现场的真实购物体验，信息输出功率（单位时间的信息量）大，消费者的代入感强烈，消费行为变得简单方便，购买转化率得以大幅提高。

案例　　　　**李佳琦卖口红：营造真实体验**

口红的品牌、色号很多，消费者该买哪一款呢？文字、图片解决不了问题，而视频直播可以把不同口红的体验情况展示给消费者。李佳琦直播时，很少会说产品规格、详情参数等信息，主要传达产品体验情况："这款口红涂上去很润，不会黏""这款口红适合复古风的女人，回眸一笑，千娇百媚""这款口红有满满的少女感，粉嫩粉嫩的"。他经常打比方，比如，"嘴巴水嘟嘟像果冻""像剥了壳的鸡蛋一样透亮"，再加上他的标志性口头禅"Oh my god""这也太好看了吧"，在这种充满体验感的直播中，很多女生就不知不觉下单了。

2. 打造直播营销新体系

随着媒体生态的变化和用户注意力的转移，直播将成为常规营销方式，

具有电子商务、品牌宣传、活动促销、导购卖货等多方面作用。企业要围绕直播打造市场营销新体系，要点如下。

（1）选择合适的直播方式

直播营销与传统营销没有本质区别，可以分为影响者代播与商家自播两类。

所谓影响者代播，就是聘请有影响力的人（即影响者）在直播间代商家销售商品，就像传统的明星代言一样。影响者包括网红、明星等意见领袖（KOL），以及达人、微商等消费领袖（KOC）。影响者代播包括 KOL 代播与 KOC 代播，KOL 代播包括网红直播与明星直播（参见"口碑第四招"），KOC 代播包括达人直播与微商直播（参见"口碑第六招"）。

所谓商家自播，就是商家的导购人员、客服人员或者店主进行直播销售，推销自营商品。商家自播包括商家店播与企业家直播。

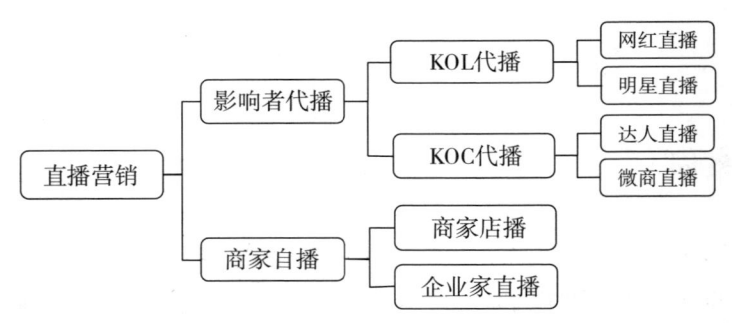

图 2.8 直播营销的分类

2016 年，网红主播开始在电商平台上销售带货。2019 年，淘宝推动品牌商家自播。根据淘宝公布的数据，2019 年淘宝上的直播活动中，次数上，商家自播占 90%，影响者代播（主要是网红直播）占 10%；交易额上，商家自播占 70%，影响者代播（主要是网红直播）占 30%。

这两类直播方式的区别如下。

①主播成本。影响者代播需要给网红、明星或达人支付"坑位费"与佣金，而商家自播不用为主播付出额外费用。

②流量成本。影响者代播的优势是自带流量，商家自播的劣势是缺少流

量。商家自播不用付费给影响者，却需要付出流量费用，向平台购买流量。

③培育粉丝。如果商家自播运营得好，可以培育自己的粉丝；而影响者代播主要是为自己培育粉丝，难以为品牌商家培育粉丝。

（2）选择合适的直播平台

不同直播平台的特点不同，用户的特点与消费习惯不同，企业要选择合适的直播平台。

在淘宝、京东、拼多多等电商平台上开展直播，优势在于供应链与商家服务完善，用户的购物意愿强烈，平台流量的转化率比较高。如果企业追求销量，愿意开展促销活动（如打折），可以利用电商平台开展直播销售。

在抖音、快手等短视频平台上，各个领域的KOL（包括网红、明星、达人）依靠短视频与直播积累了大量粉丝。品牌在这类平台上开展直播的优势是流量充盈，可以完成宣传与销售的双重任务。

用户刷抖音、快手的目的是获得快乐、获取信息，购物属于感官刺激下的冲动性消费，因此，这类直播平台适合销售价格较低、用户快速做出购买决策的商品，如服饰服装、美妆个护、食品饮料、母婴用品、数码产品等，尤其适合销售毛利率较高的中小品牌商品。

（3）打造直播营销组合阵地

自带流量的影响者开展直播具有明显优势，而商家导购人员的日常店播将成为直播营销的主流形式。商家自播是日常的营销活动，产生稳定的日常销量，而利用网红达人开展影响者代播能够实现爆发性的品牌宣传与销量突破。企业要结合自身实际情况，布局三大经营阵地，开展商家自播、KOL与KOC代播的三轮驱动与相互协同，提高客户转化率与忠诚度。

（4）整合直播活动的流量

选定了直播方式与平台之后，企业要将平台方的公域流量、影响者主播的私域流量、渠道经销体系的私域流量融为一体，通过直播活动将这些流量转化成自己的私域流量。其中，将渠道经销体系的流量转化成自己的直播流量，比较容易操作。例如，2020年上半年，格力电器开展直播时，发动全国的经销商及其门店的员工观看直播，并要求经销商和店员在自己的客户社群中提前转发直播二维码，消费者扫码看直播即可享受优惠价格，如果客户将直播链接分享给亲朋好友，则有机会获得更大优惠。

3. 商家店播：开展社群运营，打造私域流量

新营销体系下，传统商家将从线下运营转型为线上线下一体化运营，线下店的销售员、店长以及客服代表将转型为直播员，商家店播将成为日常销售的普遍做法——在营业时间，商家主播人员在店铺内进行直播。

企业运营好自有阵地是基础。在商家店播中，主播对于品牌形象、货品选择、优惠力度、直播话术等拥有很强的把控力。通过长期运营，商家店播的产出稳定，运营成本相对可控。

商家店播的运营要点如下。

（1）开展社群运营，提高购买转化率

品牌商家通常已经积累了一些老客户、关注者，店铺也会有线下客户社群，但由于缺乏经营意识与手段，这些客户往往处于"休眠"状态，黏性不够，购买转化率、复购率都不高。

商家直播的作用，一是拉新流量，二是提升客户社群的购买转化率。笔者建议商家将店播定位为运营客户社群，打造私域流量，提高购买转化率，这是因为：

第一，商家主播熟悉企业文化与产品，为用户答疑解惑，做好售后服务，还不会带来额外的直播费用支出，相较于KOL通常缺乏"刷单""刷数据"的动机，容易获得观众信任。

第二，商家主播掌握专业产品知识，能够透彻地阐述产品核心卖点，结合使用场景推介产品，借助丰富的展现手段激发消费者的购买动机。

（2）提供有价值内容

直播的本质是内容营销，主播其实是视频内容生产者。无论是开展品牌宣传还是销售，本质上都是向客户提供直播内容。

主播的基本职责是介绍、展示与推销产品，发布促销信息，答疑解惑以及售前售后服务。直播内容要对观众有价值，应该注意两点。一是提供专业

知识或者技能。例如，投资理财品牌的主播要提供专业投资建议，运动品牌主播要提供健身知识，化妆品品牌主播提供化妆课程，手机品牌主播做评测，旅行品牌主播做特别目的地风景直播，等等。二是传播有关品牌的独特内容，如介绍品牌理念、产品工艺流程与加工过程等。以卖水果为例，主播可以介绍原产地、果园、当地环境资源，以及果农种植与培育水果的过程等。

（3）提升直播技能，加强直播运营

为了吸引观众关注与停留，商家主播要向网红主播学习，不断创新，持续提升直播技能。例如，有的主播打造自己的独特风格；有的主播提升观众的视觉舒适感；有的主播不断发红包或开展抽奖游戏；有的主播有奇思妙想，不断展现各种吸引人的创意；有的主播用各种有趣的段子来吸引观众；有的主播开展场景沉浸式推销，比如利用"必入/买""吐血推荐""好用到飞起"等字眼；有的主播有超强的临场应变能力，口才棒或者能歌善舞。

直播前期的预热和导流、直播完成后的运营可以放大直播的宣传与销售效果。比如在淘宝平台，企业可以通过提升店铺等级、参加平台活动争取直播资源位，还可以投放微淘和店铺页头（店铺首页最顶端的部分）预告直播。在抖音和快手平台，可以通过短视频预热并为直播间导流。直播后，可以对从直播间来到店铺的消费者做第二轮、第三轮运营，未购买的，促进其购买；购买过的，促进其复购。

4. 微商直播：拓展合作伙伴，开展社交电商

传统商家都有大量零售客户，直播电商也可以与微商合作，支持微商开展直播销售。

例如，某饰品批发商转型为线上线下一体化运营后，通过直播吸引了大量微商主播，有电视台主持人、门店老板、转行微商、创业小团队等。微商在自己的粉丝社群里经营自媒体，开展直播，树立专业穿搭师形象，能提升粉丝的信任感，实现销售。批发商以市场底价供货给微商主播，微商主播不需要交场地费，不需要压款压货，就可以直播卖货，自行定价和销售，销售完成后再与批发商结算。

企业与微商主播合作，本质上是社交电商。企业需要完善机制，搭建平台，支持广大微商主播拓展业务，详见"口碑第二招"的相关内容。

5. 企业家直播：形象代言人，提升品牌形象

有魅力的企业家可以通过视频直播，与广大客户建立直接连接，体现自己的亲和力、专业能力或人格魅力，从而提升企业品牌的知名度和美誉度。

乔布斯、马云、马斯克、董明珠一直分别是苹果、阿里巴巴、特斯拉和格力的形象代言人，是企业品牌形象的重要标志。

企业家直播，应该将自己定位为品牌形象代言人，重点是塑造与展示企业形象，而不是去推销、叫卖产品。企业家直播要聚焦在品牌理念方面，例如采取讲故事的方式，重点阐述企业的使命、愿景与价值观。

5 忠诚第五招
强化品牌理念

> 品牌理念越清晰，
> 越容易让消费者产生情感忠诚。

品牌是一种商业工具，也是一种文化现象。成功品牌的特点是品牌理念深入人心，打造成功品牌的核心任务就是塑造清晰的品牌理念。

品牌理念，又称品牌文化、企业文化，包括企业（品牌）的愿景（Vision）、使命（Mission）和价值观（Core Values）。愿景指"我们要去哪里"，描绘了企业（品牌）要实现的美好图景与长远目标；使命指"为什么成立"，即企业（品牌）存在的理由与根本目的；价值观指"哪些事情正确，哪些事情不正确"，即企业（品牌）的价值取向与思维方式。

品牌理念会形成一个场，场内客户对品牌理念的强烈认同会导致其对品牌怀有高度忠诚，还会吸引周围其他人加入。为什么哈雷车手喜欢哈雷标志文身？因为情感忠诚是对品牌的崇尚，是内心深处的认可。

如果品牌理念清晰，客户就容易产生心理共鸣和认同感，从而产生情感忠诚。怎样强化品牌理念，使之清晰明了呢？这涉及品牌理念的构建与传播两个方面。

◇ 让客户认同品牌理念

1. 品牌营销的核心任务是在人们心中植入品牌理念

美国作家西蒙·斯涅克（Simon Sinek）在《从"为什么"开始》一书中，提出一个"黄金圆圈理论"。这是三个同心圆，中心是 WHY（为什么），中间是 HOW（怎么做），最外圈是 WHAT（是什么）。斯涅克指出，大部分企业知道自己的业务是什么（产品或服务），部分企业知道该怎么做（产品卖点），但是只有少数企业明白为什么（品牌理念），即品牌的愿景、使命、价值观是什么。

斯涅克认为，普通人、普通企业思考与沟通的方式是由圈外向圈内，而成功人士、优秀企业思考与沟通的方式是由圈内向圈外。普通企业是产品营销思维，营销沟通的顺序是从产品或服务出发，营销沟通总是试图说服别人相信自己的产品与众不同，或者价值更高。例如，"XX 手机特别棒，外观漂亮，功能强大，很人性化""XX 新车型是真皮座椅，油耗很低，还提供优惠贷款""XX 律师事务所的律师都是名校毕业，客户都是实力雄厚的大公司"。

成功企业是品牌营销思维，营销沟通的顺序是从品牌理念出发，靠品牌理念吸引人。品牌营销的核心任务是在人们心中植入品牌理念，而不是宣传具体产品。

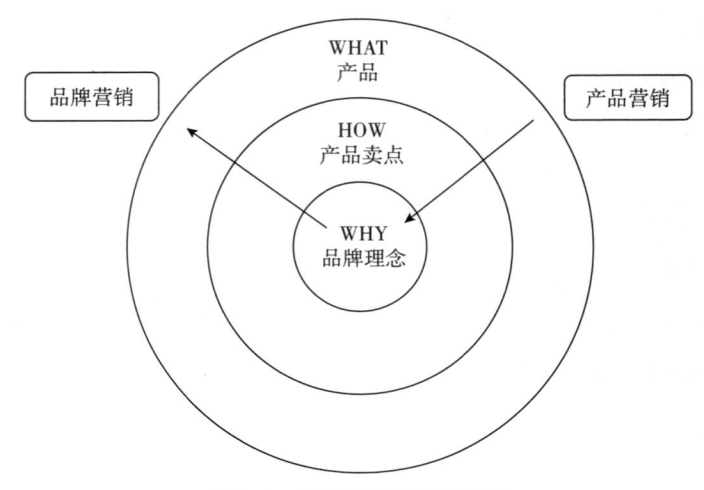

图 2.9 品牌营销与产品营销

2. 让客户认同品牌理念，产生心理共鸣

认同是一种内在动机，具有强大的驱动力。如果人们受到了鼓舞与感召，他们就会发自内心地产生认同感，愿意多花钱或受苦受累。单纯通过外在的利益刺激，比如宣传某个产品质量好、性能好，甚至拿出客观证据来证明，确实能够激发消费者的欲望，甚至会促使他们下决心购买，但很难唤起人们的认同感，不能创造出那种非理性的忠诚。

吸引人们的，不是你做了什么，而是你的愿景、动机或价值观。吸引人们购买的，不是企业的产品多么好，而是品牌所代表的伟大愿景或崇高使命。如果客户从内心深处对品牌理念产生了认同和渴望，他就会心甘情愿地追随，产生忠诚感，主动将产品融入自己的生活。如果客户不认同品牌理念，企业就只能在价格、质量、功能等无差别的"是什么"层面上竞争，努力"说服"客户认同自己的价值，这就很难实现差异化，很难打动客户。

耐克的广告通常不是强调运动鞋，而是突出品牌理念——运动精神。如果你想去运动，如果你想证明自己喜爱运动，你就一定要有一双耐克运动鞋。消费者通过耐克品牌表明自己对运动的态度。

案例　　　　收款公司：理念制胜

在美国的收款行业里，收款员的奖金通常与回收的欠款多少挂钩，整个行业充斥着恐吓、纠缠、挑衅。

哈布里奇（Christina Harbridge）坚信，每个人都有故事，都应当被好好地倾听。根据这个理念，她于1993年创立了收款公司Bridgeport Financial。她认为，如果收款员能够尊重欠账人，和和气气，而不是穷追猛打，他们就能收回更多欠款。她要求收款员在给欠债人打电话的前三分钟内，首先要营造一种友好的氛围。打电话的目标是有效沟通，掌握欠债人的有关情况——他们有办法还债吗？有付款计划吗？无法付清款项是出于某些短期原因吗？诸如此类。

哈布里奇注重在公司培育一种文化：同情心最重要。为了贯彻这个理念，

她制订了一套全新的业绩考核办法：收款员的奖金多少不是根据收回欠款的多少来计算，而是根据收款员寄出去了多少张"感谢卡"计算——给电话那头的人寄出一张卡片，感谢他们跟你说话。当然，该办法成功实施的前提是员工也秉持着相同理念，因而招到合适的员工就显得至关重要。如果员工不认为每个人都有被倾听的权利，她这个办法就没有用。

没多久，哈布里奇就大获成功。她的公司收回的欠款是行业平均水平的3倍多，多数欠款人与债主后来还继续进行商业合作。

3. 名牌的诞生：客户认同品牌理念，产生心理共鸣

人们天生渴望归属感。品牌传播自己的理念，能让人产生心理共鸣与认同，感觉安全、不孤独，产生归属感，这就是人们对品牌产生了忠诚的情感。

人们通常会选择特定品牌产品作为证据，来展现自己的价值观与生活态度。那些拥有特定生活方式的人会受到特定品牌的吸引，把品牌融入自己的生活之中。例如，苹果手机吸引了一批人，哈雷摩托车吸引了一批人，耐克运动鞋也吸引了一批人。名牌就这样诞生了。

忠诚客户认同品牌理念，并将该理念内化成自己的。他们帮助品牌传播文化，不是为了品牌，而是为了他们自己。品牌的追随者属于同一个群体。比如苹果的"果粉"、哈雷的车主，他们拥有共同的理念和价值观，"同心之言，其臭如兰"，他们会心心相连，产生强烈的归属感和亲切感。有些忠诚客户会自发建立客户俱乐部、线下或线上的社团，如各种车友会，大家相互分享对品牌的情感。

案例　　　　哈雷的品牌理念：自由奔放，激情

1903年，21岁的威廉·哈雷（William Harley）和20岁的阿瑟·戴维森（Arthur Davidson）在一间小木屋里"攒"出来一辆摩托车，命名为"哈雷·戴

维森"。经过一百多年的发展，哈雷·戴维森已经成为世界上最知名的摩托车品牌之一，年销售收入数十亿美元。

1973年，哈雷·戴维森占据了美国摩托车市场77.5%的份额。但是，从1974年开始，轻便、廉价的日本摩托车（本田、雅马哈、铃木等）逐渐流行起来。到1984年，本田的市场份额达到44%，而哈雷只剩下25%。哈雷公司不得不背水一战。

1985年，哈雷公司推出了新LOGO：背景是白色，有一个厚厚的、古铜色的、类似袖标的图案赫然出现，上面是哈雷的商标。新广告语是："你还能想起最后感受到这种激情是什么时候吗？"哈雷的新定位强烈吸引了当时的潮流人群"嬉皮士"，这些狂热叛逆的年轻人在哈雷那里找到了自己的精神家园——大排量、大油门带来的轰鸣，烫人的排气管，破边牛仔裤和粗犷皮靴。有些"嬉皮士"甚至用哈雷的LOGO文身，以表示他们支持哈雷。

20世纪90年代，美国经济不景气，白领人士的压力日益增大，他们渴望释放和解脱。扔掉西装革履，开着轰鸣的哈雷呼啸而过，如同纵马驰骋，远比坐在封闭的轿车中过瘾。哈雷车开始向中上层社会渗透，今天的哈雷车手可能是律师、牙科医生、互联网工程师、广告公司艺术总监，甚至是政府官员或明星大腕，他们通常都受过良好教育，年龄在三四十岁，家庭年收入在7万美元以上，其中有10%是女性。

今天，哈雷摩托车代表着激情、自由、英雄主义等理念，成为美国文化的象征。哈雷用理念将品牌与客户紧密连接在一起，哈雷摩托车已经成为典型的精神标志——年轻人用来表达自由奔放、竞争和反叛，中年人用来展现富有、年轻与活力。近年来，哈雷的一半销量来自老客户更换新车。

◇ 构建品牌理念

构建品牌理念，有四个要点：提炼使命，构造愿景，确定价值观，新颖。

1. 使命要基于市场需求，而非自身业务

使命是企业存在的理由与根本目的，这应该被清晰地表达出来。清晰的使命犹如"看不见的手"，引导着企业的员工和客户。

使命要与时俱进。随着时间与市场的变化，企业可能需要重新定义自己的使命，实现二次增长。微软最初的使命是"让全世界每个家庭都拥有一台电脑"。2007年，全世界PC保有量达到10亿台，市场增长遇到天花板。这段时间，微软的股价也滑到谷底。2014年，萨提亚·纳德拉（Satya Nadella）出任微软CEO，他上任后的第一件事就是重新树立微软的使命——"予力全球每一人、每一组织，成就不凡"。以此为开端，微软走上了万亿美元市值的辉煌之路。

怎样提炼企业的使命呢？简单方法是回答几个问题："我们的企业是干什么的？""谁是我们的客户？""客户看重什么？""我们的事业应该是什么？"这些问题看上去简单，实际上是企业要回答的根本问题，也是最难回答的问题。将这些问题的答案进行综合提炼，就能得出企业的使命。

使命应该是市场导向，根据所满足的客户需求来定义，强调为客户创造的价值（包括优质体验），这是因为产品和技术终究会过时，但是基本的市场需求永远存在。

有些企业根据自身业务（产品或技术）来定义自己的使命，这样看似具体，其实缺乏针对性、空洞、笼统，不能指导企业发展。比如"我们制作卡通电影"或者"我们生产香皂"，这就犯了眼光短浅的错误。试想一下，假如华特·迪士尼当初把制作卡通，而不是把"让人们快乐"作为公司使命，我们现在很可能就与米老鼠、迪士尼乐园、迪士尼未来世界无缘了。如果日化品牌多芬不是致力于让全世界的女性都变得自信，而是追求让香皂的泡沫更加丰富，那它可能已经在市场上销声匿迹了。

如果企业用业务而非市场需求来定义使命，它就会要求员工围绕某项产品或服务做创新，鼓励员工把产品或服务做得更好。所以，诺基亚搞出了几百款功能手机，员工每天都在创新手机款式，而不是想方设法改变人们的生活；高露洁搞出了几百种牙膏，员工每天都在研究如何做出更好的牙膏，而不是想方设法让人们变得更加自信。

请参考以下案例，体会业务导向和市场导向的企业使命有何不同。

案例　　表 2.6　提炼企业使命：业务导向与市场导向

公司	业务导向	市场导向
阿里巴巴	我们是最好的电商平台	让天下没有难做的生意
谷歌	世界上最大的搜索引擎	为人们随时打开一扇信息世界的窗口
沃尔玛	我们经营折扣店	省钱，让生活更美好
脸书	我们是社交网络	我们联系全世界的人，帮助他们分享生活中的重要时刻
欧莱雅	我们制造化妆品	我们销售希望
家得宝	我们出售家庭维修装潢产品	我们使消费者有能力实现他们关于家庭的梦想
IBM	我们制造计算机硬件和软件	我们提供建设智慧地球的解决方案
NASA	我们探索外部空间	我们到达新的高度，探索未知，造福全人类
丽思·卡尔顿酒店	我们出租客房	我们制造丽思·卡尔顿体验——激活感受，享受体贴，满足客人甚至没有表达出来的愿望和需求

2. 愿景要具象化

企业要清楚地描绘出愿景目标的具体场景，给人画面感，让人能将目标的场景具象成一幅图画，并且明确实施步骤，这样才可能将愿景目标清晰地传达给广大员工与客户。有些企业笼统地提出战略愿景，没有明确的目标与实施步骤，这只能是脚踩西瓜皮——滑到哪里算哪里。

3. 价值观主要来自创始人的信念

例如，威廉·普罗克特（William Procter）和詹姆斯·甘布尔（James Gamble）

把专注于优质产品的理念植入宝洁公司（P&G）的文化，这种价值观自1837年公司创立以来就代代相传，成为一种近乎宗教般的信条。

4. 品牌理念要新颖

优秀品牌之所以具有强大的市场影响力，主要是由于品牌理念新颖，而不是由于其产品多么优质。因为有形的产品容易模仿，其他企业也能聘请一流的设计师、工程师，做出同样的好产品，无形的文化才是真正的核心竞争力。

案例　　　　　　　　　苹果：品牌愿景赋予产品生命

苹果公司的创始人史蒂夫·乔布斯说："活着就是为了改变世界。"早在苹果电脑诞生之前，乔布斯就已经形成了品牌愿景——让人们有力量挑战现状、追求成功。他梦想有一个世界，人人都有话语权，他跟认同该理念的"嬉皮士"交朋友。乔布斯实现愿景的方法有很多，成立苹果公司只是其中一个。

人们喜欢苹果电脑，也喜欢苹果MP3、平板电脑和手机。让这些产品与众不同的，不是苹果做了什么，而是苹果为什么这么做。苹果的品牌愿景为其产品赋予了生命，产品是苹果愿景的实证，即挑战现状、标新立异、增强个人力量。这个愿景体现在苹果的每个产品里面，尤其在iPod里体现得淋漓尽致，iTunes服务非常符合人们的音乐消费习惯，完全颠覆了人们听音乐的方式，也颠覆了音乐行业的商业模式与运作模式。

乔布斯与苹果公司的气质很相近。事实上，发自肺腑热爱苹果品牌的人的性情都比较相近。苹果的客户与苹果的员工之间也很相近。一个认同苹果的愿景，购买了产品；一个认同苹果的愿景，去为它工作。差别只是行为层面的。购买苹果股票的股民跟他们也没有实质差别。他们买的东西不一样，但他们购买并保持忠诚的理由是一样的，那就是苹果的愿景，产品只是自己个性的标志。这种情感中有着深深的忠诚，这是一种非理性的东西。乔布斯、苹果公司、苹果员工以及"果粉",他们都迷恋创新、挑战边界。

那些购买苹果手机或电脑的人,他们早就做好了决定,他们对自己的决策有强烈的自信,无须跟别人商量该买哪个品牌。当人们决定了要购买一台iPhone 或者 Mac 时,会考虑到底该买哪一款、哪个型号的具体产品,只有在这个层面上,那些理性的因素才发挥作用,比如性能、数据以及优势等。

◇ **传播品牌理念**

表现品牌理念的媒介很多,包括产品、服务、广告宣传、公关活动、员工、销售渠道等企业各方面的业务活动。企业必须清楚展示品牌的愿景和使命,确保所有的业务活动都要符合品牌理念,这样,人们才能清晰地感受到其品牌理念,不会有丝毫怀疑。

案例 　　　　　苹果:一言一行展示品牌愿景

苹果公司的产品设计、广告宣传、合作伙伴、产品包装、店面设计等,都在传播品牌愿景:标新立异、增强个人力量。苹果在广告宣传中把自己同历史上具有叛逆精神的伟大人物相提并论。苹果的广告永远是个人场景,而不是群体,从来没出现过一群人高高兴兴使用苹果产品的场景。

1984 年 1 月 22 日,苹果发布了麦金塔电脑的广告《1984》,广告没有宣传产品卖点,只字未提新产品的优势,而是宣示苹果的理念,用视频展现了个人挑战现状、掀起革命的情景。尽管苹果的产品已经更新换代,时尚风潮已经转向,但这则广告直到今天仍然具有强大的感染力,因为苹果的愿景从未改变过。

苹果的电视广告"Mac 与 PC"完美地诠释了 Mac 电脑的客户应该是什么样子。为了跟 Mac 气味相投,你必须要像 Mac。在广告中,Mac 客户是个年轻小伙子，总是穿着T恤衫和牛仔裤，从容、幽默，喜欢拿体制"开涮"。而苹果给PC设定的形象是个"西装男"，年纪较大，气质偏保守。随后微软推出了"我是PC"广告，跟苹果抗衡，广告里展现出各行各业的人，教师、科学家、音乐家、孩子，都宣称自己是"PC"。

在选择合作伙伴开展联合促销活动时，苹果也坚守自己的愿景。碳酸饮料行业的主导者是可口可乐，百事可乐是行业挑战者，其品牌形象是"新一代的选择"。2003—2004年，苹果就与百事可乐联合推广音乐服务iTunes。2004年，苹果与爱尔兰摇滚乐队U2联合推广新款iPod。苹果觉得自己与离经叛道的U2乐队是一路人，因为他们有共同的理念——挑战常规。苹果不可能跟席琳·迪翁（Celine Dion）合作，因为感觉她与自己不是"一路人"，尽管她的唱片销量比U2多得多，粉丝规模也更大。

6 忠诚第六招
激发员工内驱力

忠诚的员工带来忠诚的客户；
所谓"以人为本"，
就是以员工为本。

◇ 客户第一 VS 员工第一

1. "客户至上"陷阱

西奥多·莱维特（Theodore Levitt）首先提出了"客户导向"理论，即任何企业要想成功，必须以客户需求为出发点。这被称为市场营销观念的最高境界。

很多企业将"客户导向"理解为"客户至上"，最典型的便是沃尔玛著名的"客户至上原则"：第一条原则是"客户永远是对的"，第二条原则是"如果客户错了，请参照第一条"。

客户导向理论在提升客户满意度方面居功至伟，但是，企业若想持续健康发展，就要防止掉进"客户至上"陷阱——当企业奉行"客户至上"时，如果员工与客户发生了争执，经理的判断依据是"客户永远是对的"，而不管员工是否受了委屈。

事实上，员工是企业的内部"客户"，是企业的价值创造者。企业的经营理念应该是"客户第一"——客户需要什么，企业就生产什么、销售什么，但管理理念应该是"员工第一"，因为，不快乐的员工只能生产质量低劣的产品，提供不愉快的服务，创造不断下降的利润。

> **案例**　　　　　星巴克：员工第一，顾客第二

星巴克创始人霍华德·舒尔茨（Howard Schultz）认为，只有先超越员工的期望，才能超越顾客的期望。他最引以为傲的是员工的自信与互信的氛围。星巴克旗帜鲜明地放弃"顾客第一"原则，把大量资金用在员工培训和员工福利上面。所有员工都可以享受股票期权和覆盖面很宽的医疗保险，这在其他公司通常是高层经理才享有的待遇。

星巴克不做广告，市场营销费用很少。满意的员工向顾客提供优质体验，优质体验塑造了星巴克的品牌。

2. 满意的员工，创造出满意的客户

满意的员工才能生产出优质产品与服务，创造出满意的客户，从而为企业带来销售额和利润。有调查显示，员工满意度每提高3%，客户满意度可提高5%，企业利润可增加25%~85%。

员工不满意，就会在无形中向客户传递关于企业、产品及服务的负面情绪，这在服务业尤其如此。服务业的客户是由员工一个一个接待，服务环节是由员工一项一项执行，员工的技能与态度决定了客户的服务体验状况。作为最接近客户的单元，一线员工往往更加了解客户的实际需求，充分发挥他们的能动性，能够更好地为客户提供人性化的服务体验。

> **案例**　　　　　丽思·卡尔顿酒店：绅士淑女理念

丽思·卡尔顿酒店（The Ritz-Carlton）是以卓越服务著称的豪华连锁酒

店，创始人霍斯特·舒尔茨（Horst Schultz）根据自己年轻时在酒店打工的经历，确定了酒店的品牌理念——"我们以绅士淑女的态度为绅士淑女们忠诚服务。"这句话深刻地定义了服务人员在企业与客人心中的地位，成为服务业中最知名的格言之一。

由于服务质量取决于服务人员，酒店只招聘那些"关心他人的人"，培育员工掌握与客人互动的艺术，表彰奖励先进服务事迹来激励员工，向员工灌输自豪感，使员工充满朝气，快乐工作，从而能够满足客人的各项需求，甚至满足客人没有表达出来的需求。

舒尔茨要求"一定要照顾好那些照顾客人的人"，酒店员工满意度高达98%，70%的客人会再次光临，成为忠实的回头客。

3. 员工忠诚使企业步入良性循环

1926年，福特汽车公司创始人亨利·福特（Henry Ford）指出："削减工资不能降低成本，反而会增加成本。低成本的生产只有一个办法，那就是为高质量的人工支付较高的价格。"

企业最大的浪费，是对人力资源的浪费。根据美国经济学家舒尔茨（Theodore Schultz）的估算，人力投资增加3.5倍，利润将增加17.5倍。

员工跳槽会造成多方面损失，包括招聘与培训新员工的成本、生产效率与客户满意度下降等。对美国汽车经销商的研究表明，用一位工作经验不足一年的销售人员代替一位拥有5~8年经验的销售人员，企业将遭受36000美元的销售损失。

有些员工离职后成为竞争对手。大多数企业领导者都有敏锐的嗅觉，能抓住市场机会，但大部分中小企业却做不大，是什么原因呢？一个重要原因是不会管理员工。经理不能善待员工，不知道怎样激励员工与打造团队，优秀员工就会失望并离职，有人就自己开公司，回过头来与原企业竞争，做同样的产品，甚至带走客户、带走技术、带走同事。

员工忠诚能使企业经营步入良性循环。老员工对工作得心应手，与客户熟悉，知道怎样降低成本、改善质量，知道怎样为客户创造更多价值，从而给企业带来高利润。这样一来，企业就有条件给员工高薪，提供更好的工具和培训，这将提高员工的劳动生产率，从而带来成本优势，企业业务持续增长，可吸引并留住优秀员工。企业始终如一地向客户提供价值，员工就会对工作感到自豪，变得更加忠诚，这就形成了正向增强回路。

案例　　西南航空：以人为本，员工第一

美国西南航空公司创始人赫伯·凯莱赫（Herb Kelleher）把员工放在第一位，而不是客户。他说，"如果公司能服务好员工，员工快乐、满意、乐于奉献、精力充沛，他们就会把客户照顾得很好。""客户感到开心了，他们就会再来。"在2008—2009年国际金融危机期间，公司没有解雇员工和降薪。

公司鼓励员工积极主动地发现问题、制订对策。公司重视对员工的认同，大力表彰做出突出贡献的员工，如将做出贡献员工的名字刻在波音737上、将员工的突出业绩刊登在内部刊物上。凯莱赫指出，想要让员工发挥最大潜能，经理必须创造出一种氛围，让员工感到工作有价值，感到公司关心自己，如果员工感到工作有价值，他们就会自然而然地表现优秀。

在"员工第一"理念指导下，公司的劳动生产率大幅提高。员工同时承担多份工作，例如，当飞机晚点起飞时，机组成员会帮忙搬运行李。为了充分利用飞机，2/3的航班可以在20分钟内完成货物装卸，而行业平均超过40分钟。这样一来，每位员工可以接待更多的乘客，劳动生产率更高。公司飞行员每月平均飞行70小时，而行业平均只有50小时；飞机运转效率是行业平均水平的两倍，而员工数目（按照服务每千名乘客计算）比行业平均水平少一半。因此，机票价格比市场价格低60%~70%，公司还能盈利。

近十几年来，西南航空的员工维系率在业内最高，关键岗位员工年流失率低于5%，公司的财务业绩和市值在业内一直遥遥领先。

4. 员工内驱力的影响因素

员工忠诚通常表现为在工作中具有内在驱动力，或称主动性、创造性，这在很大程度上决定了企业的市场竞争优势和发展潜力。

员工内驱力取决于三大因素：理由、能力与热情。理由是员工对工作的目的和意义的认识、对工作的回报与自己的付出的比较。能力是员工判断自身能否胜任工作，是否具备相关的知识、技术和能力。热情是员工对工作的情感，员工喜欢工作时，哪怕不属于自己的职责、困难重重或者没有回报，他也能积极主动。

企业经理的核心任务就是激发员工的内驱力。经理要系统分析员工内驱力的影响因素，采取措施弥补短板，完善激励机制，除了提供物质激励，还应该有针对性地提供精神激励，提供良好的工作环境，充分调动全体员工工作的激情。

◇ 满足员工情感需求

物质激励的作用有限，企业要重视精神激励，满足员工的归属感、尊重感、成就感与自我实现等高级情感需求。

1. 给员工归属感与尊重感

①尊重员工。领导尊重员工，员工才会尽心做好工作。孔子曰："君使臣以礼，臣事君以忠。"孟子说得更加透彻："君之视臣如手足，则臣视君如腹心；君之视臣如犬马，则臣视君如国人；君之视臣如土芥，则臣视君如寇仇。"

酒泉，因物命名。相传两千多年前，西汉名将霍去病将御赐的美酒倒入山泉之中，与三军共饮，极大地鼓舞了士气，最终带领军队取得了辉煌的胜利。

索尼创始人盛田昭夫要求领导要和员工打成一片，主管每周应该请下属员工吃饭，倾听员工的心声。华为创始人任正非说："自古以来，铁军的领袖都关爱下属。谁请下属吃饭多，谁就升得快。"

②关心生活。企业要找到影响员工工作效率的因素，制订有针对性的福利措施，消除员工后顾之忧，让其安心工作。例如，提供弹性工作时间、员工与直系亲属免费体检、员工子女免费幼教服务等福利。

③团队建设。开展丰富多彩的团队建设活动，打造同事之间的密切关系，让员工在相互信赖的基础上共事。

案例　　　　　　　　　AGI：打造归属感

美国航天工业软件服务商 AGI 公司（Analytical Graphics，Inc.）CEO 葛拉尼（Paul Graziani）认为，公司提供良好的福利，员工会比较快乐，生产力会比较高，这会让公司赚更多钱。

AGI 努力营造家的感觉，员工福利让人羡慕：公司食堂一日三餐免费；员工孩子放假，公司设有托管班；公司设有洗衣间，员工免费洗衣服等。

2003 年，公司一位预备役员工被征调到伊拉克，他每个月都会收到公司寄来的一个写着"我们在乎你"的包裹，里面装有糖果、书籍和游戏用品等。同事还用他的照片做了一个人形立牌，放在办公室里。他本来会参加的会议，同事会带着立牌与会。在他从军的十八个月中，他不像他的战友一样担心回国后没有工作。

AGI 鼓励分享信息，鼓励沟通合作。总部办公区只有五扇门，只有会议室、人力资源部门和财务部门等涉及私密信息的办公室才有门，CEO 的办公室都没有门。

AGI 员工离职率仅为 3.3%，远低于 20% 的行业平均水平，这为公司节省了大笔新员工招聘及培训费用。

---

2. 给员工成就感

①协助员工做出贡献。向员工提供能高效创造的环境和工具，帮助他们完成自己想要完成的事情。

现代管理学之父彼得·德鲁克指出，今天的员工都是知识工作者，知识工作者不是上级的下属，而是合作者，甚至是上级的顾问。知识工作者需要的不是管理、监督，而是协助，要协助他们高效地完成任务，做出贡献。

②人岗适配，发挥所长所愿。《韩非子》云："使鸡司夜，令狸执鼠，皆用其能，上乃无事。"管理者要识别、选拔好员工，让员工的专长、兴趣与企业面临的问题、任务相匹配，让员工在最佳角色下发挥最佳价值，不能求全责备。

③让员工成长。所谓领导力，就是要能领导比自己强的人。职场上最大的功劳是举荐贤才、培养人才，最大的恶是嫉贤妒能。

④认可员工的贡献与价值。例如，用感谢信、视频等方式让员工感受到自己的价值；用员工名字命名公司业务流程等。

3. 给员工参与感与自主权

①让员工参与管理，鼓励其建言献策，发挥创造力。

②管理要民主、透明，与员工广泛分享信息，确保其充分知情。

沃尔玛创始人山姆·沃尔顿（Sam Walton）强调要与员工坦诚沟通，他说过："与你的员工分享你知道的一切，他们知道得越多，就会越关心。一旦他们关心了，就没有什么力量能阻止他们了。"沃尔玛依靠"天天低价"策略发展成为全球最大的零售企业，其成本优势的秘密是员工有效地执行规则又不墨守成规。例如，光是偷窃造成的损失，沃尔玛就比竞争者少了一个百分点，这是很可观的数字。

③给员工工作自主权。企业不能简单依靠规章制度进行管理，应该赋能员工，让员工自我管理、自我激励。

花旗集团和领英公司调查发现，近半数员工会为工作自主权而放弃20%的加薪。游戏软件公司Valve的办公桌装有滑轮，鼓励员工加入自己觉得"有趣"和"值得做"的项目，项目结束后进行全面评估，衡量每个人的贡献。有的公司让员工自行决定奖金分配。

让员工严格遵守纪律和流程，等于雇佣了他的双手，而没有雇佣他的大脑。人最值钱的是大脑，大脑能创造，解决流程和制度不能解决的问题。如果员工不是发自内心地想提供优质服务，制订再多的服务标准也没有用，只能催生出面笑心不笑的伪服务。

④给员工合适的挑战，激发其兴趣和潜力。"Z 世代"更愿意为兴趣而工作。

4. 提供良好的工作环境

①企业经理要倾听一线声音，着力解决一线的操心事、烦心事。例如，华为提倡组织扁平化、给一线员工提供炮火支援。

②企业经理要关注细节，灵活管理。开展即时调研，快速了解员工的看法与态度。例如，亚马逊的员工每天上班打开电脑时，要回答一两道问题才能够登录（基于对员工的尊重，这些问题都提供了"我不想回答"这个选项）。这些题目包括对公司的评价、对团队的评价以及对职能部门提供服务的评价等，例如"你的领导怎么样？""你是否在最近的工作中使用过 HR 服务？""（如果选择了'是'）你的体验如何？"等。同一个项目组成员每天回答相同的问题，项目经理可据此了解成员状态并及时采取措施，提升团队绩效。

案例　　　　　　　　丰田：激发员工潜力

1937 年，丰田汽车公司成立，2003 年成为全球第二大汽车公司，2004 年成为亚洲市值最大公司。创始人丰田喜一郎认为，丰田倡导的是一种智力生产方式，通过开发人的潜力来赢得竞争，公司核心任务是开发员工潜力。丰田有句口号："不要担心员工素质不高，最怕领导浪费员工能力。"也就是说，如果企业竞争力不强，生产效率不高，关键问题是员工能力被浪费了。

1. 激发与利用员工智慧

丰田生产方式的创始人大野耐一说："没有人喜欢自己只是螺丝钉，工作一成不变，只是听命行事，不知道为何而忙，丰田做的事很简单，就是真正给员工思考的空间，引导他们发挥智慧。员工奉献宝贵的时间给公司，如果不妥善运用他们的智慧，才是浪费。""丰田生产方式固然重要，但丰田人的创造力、努力和实际能力，才是生产方式的精华。"

丰田认为员工不是去工作，而是去动脑，去展示自己的智慧。一线员工不是一部没有灵魂的制造机器上的齿轮、螺丝钉，他们可以是问题解决者、创新者和变革推动者。丰田吸引员工广泛参与各种活动，包括精益生产、准时化生产、看板管理、全面质量管理、质量管理活动小组、合理化运动等，在这些活动中，丰田赋予每位员工权力、技能和工具，他们可以随时解决问题并防止新问题的发生。当员工发现流水线上出现错误，比如一个螺丝帽没拧紧，他可以拉停生产线，叫来班组长一起研究为什么这个螺丝没上紧，如何避免该情况再次出现，把问题从根本上解决掉，而经理会感谢员工发现了该问题。因此，丰田生产体系的不良率非常低，通常几百万件零部件的不良品为个位数。

2. 鼓励员工提出改进建议

丰田认为，好产品来自流程、工艺、管理的不断改善。员工的改善建议既包括降低成本、保证质量、技术改进、产品开发、经营管理等方面的大建议，也包括关于怎样拧螺丝、利用旧信封和短铅笔头等的小改善。

丰田的员工像着了魔似的贡献各种小点子，以消除浪费、降低成本。员工提出改善意见，管理者必须给出反馈意见，公司必须给予奖励。员工被公司及同事们认可，获得满足感，从而体会到了人生价值。

3. 给员工归属感

丰田帮助员工建立各种联系，例如鼓励员工跨越部门与地域限制，发展横向的人际关系，按照专业领域和入职年份对员工进行划分，帮助员工建立各种小团体；通过师徒关系和导师制度在不同层级的员工之间建立垂直关系；邀请员工参加按照出生地、体育运动和兴趣爱好等不同主题组建的俱乐部。

◇ 宣传愿景与使命，为工作赋予意义

1. 愿景与使命具有强大的激励作用

人为什么会迷茫？为什么会缺乏动力？根本原因是缺乏使命感，愿景不清晰。

"如果你要带领大家造一艘船,你先不要派人去找木头,而要先激起人们对海洋的向往。"当人们心中怀有崇高的使命感,他们就不会轻言放弃,更容易熬过困境,甚至会在挑战中发现机会。如果一个人对某项伟大事业深信不疑,而他正是追求事业者中的一员,他就会产生激情;如果一个人不相信,他就不会用心,而是应付差事。

人们喜欢有意义的工作。2019 年,美国 BetterUp 公司首席体验官 Shawn Achor 牵头调查了 26 个行业 2285 名专业人士对工作意义的感受,调查发现:90% 的人宁愿少赚钱,也要做有意义的工作;人们不仅希望工作有意义,也愿意付出高昂的代价去拥有意义;认为工作有意义的员工的生产力更高,工作满意度更高,辞职的可能性更低,他们平均每周会多工作一小时,每年带薪休假会少两天。

对于企业员工而言,愿景是方向感,使命是意义感,两者实现了就有了成就感。企业需要依靠愿景和使命的力量吸引、留住、激励优秀人才。

经理的任务是贩卖梦想,把愿景和使命"推销"出去,让员工真心实意地接受。要告诉员工公司愿景实现之后,世界会怎样、市场会怎样、客户会怎样、大家会怎样,赚钱只是一个必然结果。如果员工心怀公司的愿景和使命,他们遇到困难时就不会轻易放弃,而是努力寻找解决方法,把公司理念变成现实,他们的绩效肯定比仅仅完成本职工作好得多。

数字时代是创造力革命的时代,劳动者都是创造者,而创造者的驱动力主要来自创造带来的成就感和社会价值。例如,华为的愿景使命是,构建万物互联的智能世界,把数字世界带给每个人、每个家庭、每个组织。为了吸引更多的高端人才,任正非在内部会议上指出:"物质待遇肯定会有具体的措施,主要还是给他们使命感,让他们有做成事的机会,让科学家发挥自由度。"

案例   稻盛和夫:愿景和使命是企业发展的强大动力

"从京瓷还是中小企业的时候开始,我就一直向员工们诉说自己的梦想:'要成为中京区第一、京都第一、日本第一、世界第一'。起初员工们半信半疑，不知从何时起就相信了我诉说的梦想，并且为实现这一梦想齐心合力、努力奋斗。"

"'我们现在所做的产品一旦成功将被广泛使用，对人们的生活做出巨大的贡献。而这个社会意义重大的研发工作成功还是失败，完全取决于你们，取决于你们每天的工作。拜托你们了！'这样的话，我每天晚上都会对员工们讲。当他们发现了工作中包含的意义，就会热情高涨，最大限度地发挥出自身的潜力。"

"全体员工共同拥有美好的愿景、远大的目标，大家都具备'非如此不可'的强烈愿望，那么，强大的意志力量就能发挥出来，组织就会产生巨大的能量，朝着梦想实现的方向前进，超越一切障碍。"

2. 使命和愿景要清晰具体，与每位员工有关

清晰的愿景才能凝聚力量。1961年，美国总统约翰·肯尼迪宣布实施宏伟的"阿波罗工程"，他这样描述美国登月计划的愿景："未来十年，我们的目标是把人送上月球，并活着带回来。"这句大白话，使美国航天工作者非常激动，倍受鼓舞。

企业应该发布使命和愿景，让每个员工都意识到自己是这个伟大愿景或崇高使命的一部分。企业经理要与员工坦诚开放地持续沟通，将员工日常工作与企业愿景和使命有机结合起来，让员工理解工作的价值与意义，清楚个人工作与团队目标的关系——他们并肩作战，为了一个宏伟目标而努力。如果工作目标来自某个宏大使命，员工就更可能从内心认同这一目标，工作绩效会更好。

案例　　　　　　　　　　大陆航空：目标明确

对航空公司来说，准点起飞非常重要。如果航班经常延迟，公司在处理转机和安排乘客过夜方面就会花费巨大。戈登·贝休恩（Gordon Bethune）上

任之前，大陆航空（Continental Airlines）的准点率在美国排名靠后。贝休恩上任后就宣布，只要哪个月公司的飞机准点率排到前五名，每个员工都能得到一张65美元的支票。

贝休恩坚持要另拿一张支票来发奖金，而不是简单地将其计入工资里面，因为员工感觉不一样。每张支票上都写着贝休恩的话"感谢你帮助大陆航空成为最优秀的航空公司"。

贝休恩将公司变成一个大家庭，他说，"我们把奖金变成一件需要大家齐心合力去争取的目标，而不是单打独斗。"他经常出现在机场里，跟行李工人一起搬运行李。他执行"开门"政策，办公室的门经常敞开着，让员工很容易找到他。

◇ 打造信任文化

1. 信任能降低管理成本，提高工作效率

信任，就是相信而敢于托付。信任在社会进步方面发挥了重要作用。原始人敢于离开洞穴去捕猎或探险，因为他相信部落会保护他的家人和财物。如果人们之间没有信任，就没人敢冒险；没有冒险，没有探索，社会就不会进步。

市场调查公司盖洛普研究发现，建立信任文化可以提高员工的敬业度。与低信任组织中的员工相比，高信任组织中的员工的工作效率更高，工作时精力充沛，与同事配合更好，为企业服务的时间也更长。

企业与员工建立了相互信任的关系，员工就愿意主动承担责任，企业就能够减少管理工作，降低管理成本。稻盛和夫指出，做企业就是要做好"员工的信任"，为员工谋幸福；管理就是减少信任成本、沟通成本、协作成本，培养员工的归属感、安全感、成就感。

2. 打造信任文化的方法

①平等合作。高信任组织中的管理者会向员工求助，而非命令他们做

事。被求助能刺激人的大脑分泌催产素，触动人的合作本能，从而促成信任与合作。向员工求助代表领导胸有成竹，能让每个人都参与进来共同实现目标。

②有效授权。信任的标志是授权，授权具有强大的激励作用，能给员工充分的工作掌控感和满足感，员工会发自内心地感觉到工作很快乐。

丰田汽车的员工有权停下整条生产线。如果只有经理有权推进或停止，等待经理决策会耗费大量时间、产生大量废品。这样的情况几乎每天都在各行各业发生。以酒店为例，客人从进店到离店始终是跟服务员打交道，如果客人对服务不满意，还得通过经理来解决，这只会让客人更加不满，把解决问题的权力交给一线员工，才能最大程度地消除客户的不满。小米授权客服遇到客户投诉的时候，有权根据自己的判断，向客户赠送贴膜或其他小配件。

打造组织中的信任文化，还需要领导诚信、积极沟通、互相尊重和公正评价。领导诚信主要表现为设置清晰的目标与方向，赋能员工，向员工提供实现目标所需的资源，而不是阻碍他们。

◇ 寻找价值观匹配的员工

企业招聘员工时，价值观第一，能力与经验第二。对于认同企业文化的人，你比较容易唤起他们的热忱，激发他们的动力。他们会主动努力工作，孜孜不倦地寻找创新方案，这样做不是为了企业，而是为了他们自己。

20世纪初，英国探险家欧内斯特·沙克尔顿（Ernest Shackleton）去南极洲探险，需要寻找合作伙伴。他在招聘启事中写道："充满危险的探险之旅，现寻觅队员。报酬低，严寒，长达数月的彻底黑暗，危险不断，不知是否能安全返回。万一成功，你将获得荣誉，扬名天下。"沙克尔顿只寻找那些与自己理念一致的人——热爱挑战，这些人的生存技能是毋庸置疑的。

优秀的服务企业通常寻找价值观匹配的员工，然后对他们进行技能培训。价值观是否一致很关键，学历低一些，能力差一些，都不重要，技能总是能学会的。

在很多服务行业，如酒店、餐饮、航空、租赁等，理想的服务员是这样的：受教育有限，积极向上，期望依靠自己努力工作提高收入。很多企业不愿意招聘来自竞争对手的人员、传统行业有经验的人员，就是担心价值观不一致。很多与人打交道的企业寻找友善的人，而不是掌握技能的人，因为培训可以使人具备专业技能，却无法让人变得友善。例如，有些酒店招聘"关心他人的人"，幼小教育培训机构招聘"富有爱心与耐心的人"。

另外，员工性格与岗位工作性质相匹配，也很重要。

案例　西南航空：招募拉拉队队长和乐队鼓手

20世纪70年代，西南航空公司刚成立的时候，公司决定让空中小姐们穿上热裤和长筒靴。前来应聘空姐的主要是拉拉队队长和乐队鼓手，这些女孩子往往乐观外向，愿意为他人服务，她们也不介意穿这种新制服。拉拉队队长和鼓手姑娘天生就喜欢让大家开开心心，到处散播乐观情绪，带领众人相信"我们能赢"。她们特别适合西南航空，和这个要为普通人服务的公司是绝配。

员工辞职的一个重要原因是他们误解了工作的实际需要，特别是一些单调枯燥的现场工作场景。

为了找到合适的员工，有的公司请应聘者参加工作培训或者实习，提前了解工作的实际情况。如果应聘者怀疑自己在该领域的能力与前景，公司就会鼓励他放弃。例如，丹麦服务公司ISS要求应聘者观看工作录像，让潜在员工了解这项工作的艰苦，包括起床时间很早等。ISS鼓励应聘者一旦感觉不适就放弃，而那些留下来的人认为是自己选择了这一工作。通过该举措，ISS的员工保留率比行业平均水平高5倍。

案例　四季酒店：寻找合适的人

四季酒店（Four Seasons Hotel）因杰出的客户服务闻名世界。全球最大的旅游垂直媒体 TripAdvisor 根据网友的评价，将夏威夷的华拉莱四季酒店（Four Seasons Resort Hualalai）评为全球第一的酒店。有位客户说："如果世界上有天堂，我真希望由四季酒店来经营。"

四季酒店的使命是，通过高标准的酒店服务为客人创造完美的旅行体验。"你想人家怎样待你，你也要怎样待人。"这条为人处世的基本法则，被称为"黄金法则"。创始人伊萨督·夏柏（Isadore Sharp）将黄金法则作为四季酒店的价值观，要想别人对待自己好，自己就要对待别人好。四季酒店深知，快乐且满意的员工才能使客人感到快乐和满意。

四季酒店寻找那些发自内心认为客人重要的人，而不是那些经过培训才认为客人重要的人。酒店所有岗位的应聘者，无论是接待员、泳池管理员，还是财务经理，都要经过多轮面试。酒店只录用天生具有"服务激情"的人——乐于助人、真诚、对服务他人充满热情。新员工都要接受 3 个月的培训，以充分理解客人的需要和行为——客人每晚花费 1000 美元，肯定期望自己的所需所想能够被充分理解。酒店随时对优秀的服务行为予以认可和奖励，逐步培养员工的职业自豪感。通过这些培训，员工清楚什么是优质服务，而且能高度自觉地提供这种服务。

一旦找到合适的员工，四季酒店就把他们当作最尊贵的客人，房间服务员和总经理都能在酒店餐厅里免费用餐。每位员工都能在四季酒店免费住宿：在公司工作 6 个月后，就可以享受每年 3 天免费住宿；工作满一年之后，就可以享受每年 6 天免费住宿。这让员工感到自己与客人一样重要，激励他们达到更高的服务水平。一位员工说："你永远不会仅仅被当作一个员工。你是一位客人。当你结束令人兴奋的旅行回来之后，满脑子想的就是要为自己的客人做很多很多。"

四季酒店连续多年入选《财富》杂志"全球 100 家最佳雇主"，员工离职率仅为行业平均水平的一半。

> **案例**　　"臭虫杀手"公司：寻找合适的人

20世纪80年代，阿尔文·伯格（Alvin Burger）创立了"臭虫杀手"（BBBK）公司，提供消灭老鼠、蚂蚁和蟑螂等害虫的服务，目标客户是对卫生状况要求严格的星级酒店、高档餐厅等。公司起步时，伯格亲自为客户提供服务，所以他知道这项工作需要什么。随着业务快速增长，他开始雇佣与他有同样兴趣和动力的人，即想成为一名"灭虫专家"的人。由于大多数员工都是独立作业，并且工作时间通常是在午夜，很难监督，因此找到合适的人非常重要。

"灭虫专家"候选人的特征是：追求完美，认真负责，有着强烈的自豪感和友善意识，生活稳定，能够在午夜工作。为了找到合适人选，伯格设计了一套苛刻的选拔程序，包括检查信用等级、个性与能力测试、测谎及药物检验（法律所允许的）、与其家庭成员交谈等。公司在芝加哥和底特律设立分支机构时，伯格面试了400多人才找到1位合适的员工。

口碑篇

客户经营的核心：
让客户口碑推荐，实现社交裂变

客户经营
培育私域流量与社交裂变
制胜存量竞争时代

客户经营的关键是打造客户口碑，让客户主动宣传推荐，通过"人传人"实现自动获客、自动增长。

促使客户宣传推荐、实现社交裂变的前提，是客户忠诚度高。培育客户忠诚的方法，参见忠诚篇。

人们为什么会主动宣传推荐呢？《感染力》一书指出，人们谈论和分享的原动力包括本能驱动、获得信息、建立关系、塑造形象等四个方面。

结合人们谈论和分享的原动力，笔者跟踪研究了国内外领先企业的实践经验，系统总结了促使客户宣传推荐、实现社交裂变的各种方法，归纳为六招，如图所示。

这六招可以单独使用，但组合起来能发挥最优效果。例如，组合运用KOL、KOC以及人际影响力，就能发挥1+1+1>3的效果。

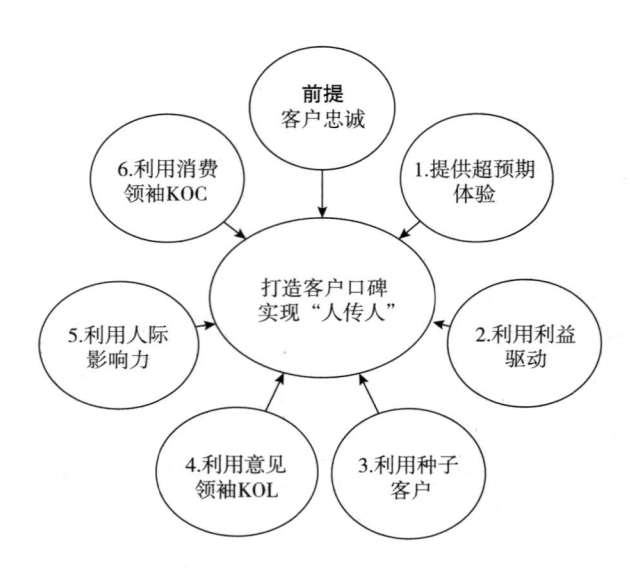

图3.1 打造客户口碑，实现社交裂变的方法

1 口碑第一招
提供超预期体验

> 提供超预期体验，
> 让客户感到惊喜，
> 好口碑由此产生。

客观事物通过人的感觉器官被大脑所识别，就形成了体验感知，简称体验。

客户体验是客户消费产品或服务时所产生的感觉与印象，包括两个方面：感知体验、预期体验。满意度就是客户消费后产生的心理满足程度——感知体验与预期体验比较后形成的主观感受程度。

客户对产品或服务的感知体验，就是实际体验，通常涉及三个方面：结果效用、过程效用与企业形象。

客户的预期体验，分为基本预期体验与理想预期体验。基本预期体验是最小的宽容期望值，它反映客户期望接受的产品或服务质量的基本水平，例如在通信行业，基本预期体验就是网络覆盖好、网速快、账单清晰等。理想预期体验就是客户期望的高水平的体验。

客户一般会将特别的经历（好的或坏的）告诉他人，这就是口碑。当客户对产品或服务的感知体验达到基本期望水平，客户感觉满意，这种情况下双方公平交易，不会产生口碑。当客户感知体验低于基本预期水平时，客户不满意，就会抱怨，产生负面口碑。当客户感知体验超过理想预期水平时，

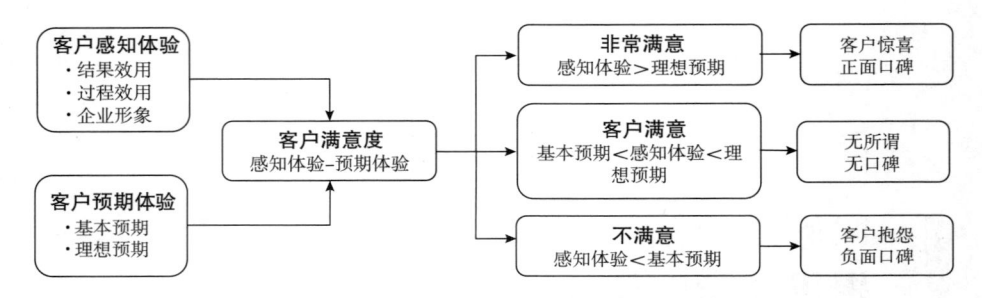

图 3.2 客户满意度分析模型

客户非常满意,感到意外惊喜,这种情况下会产生忠诚感和正面口碑。

可见,通过超预期体验打造口碑的方法,一是管理客户预期体验,二是提升客户感知体验。

管理客户预期体验,就是要降低客户的预期,让客户容易被感动——发出"哇"的惊叹,从而口口相传。这包含两个要点。

第一,准确宣传自己,避免过度宣传、自我吹嘘。例如,美国西南航空公司将自己定位为低成本航空公司,小心翼翼地管理着乘客的期望:"如果没有上帝干预的话,西南航空会准时将您送到目的地。"飞机上没有头等舱;飞行期间不供应饮料与餐食;不能提前预订座位;想得到最好的座位要经过一番争抢甚至踩踏;当登机门关上,飞机开始在跑道上滑行起飞时,人们还在忙着安置自己的行李;等等。尽管如此,西南航空一直是世界上客户满意度最高的航空公司。

第二,承诺要低,结果要高。承诺的多而做到的少,会带来灾难。例如,为客户装宽带,承诺2天装上,结果2小时就搞定了,客户一定感觉很爽,自然会为品牌说好话,向别人推荐。

案例　　　　　　美捷步:管理客户预期

美国鞋类电商美捷步(Zappos)通过管理客户预期来打造口碑。美捷步向客户承诺,下单后4天之内将鞋子送到,但大多数情况下隔天即到。公司推出售后延迟付款服务，客户购买商品后 90 天内可以不付款。另外，客户每次订购 1 双鞋，送货上门时能试穿 3 双鞋，客户可以只留下最喜欢的那双，把不合适的都免费寄回。实际上，很多客户会选择购买 2 双鞋。

通过这些超预期的服务，美捷步名声大噪，迅速火遍美国。60% 的客户是回头客，25% 的客户是朋友或家人介绍来的。

案例　　　　　　　　　小米手机：性价比之王

2011 年 10 月，小米手机上市，定位为性价比之王，高配置低价格。小米 1 是国内首个实现双核芯片、1.5GB 存储空间、4 英寸屏幕、800 万像素摄像头、待机时间 450 小时的智能手机。当时，国内市场上同等配置的手机价格在四五千元，而小米定价为 1999 元，完全超越了人们的预期。

小米手机第一年就卖了 700 万台。很多人除了自己用，还买给亲戚朋友，42% 的用户买了 2~4 台。

提升客户的感知体验，就是提升客户消费过程中对结果效用、过程效用以及企业形象的感知，前提是拥有富有创造力的员工队伍。因为客户体验的真谛是创造意外惊喜、让客户感动，而意外惊喜难以被事先设计，只能被一线员工个性化地创造出来。激发员工创造力的方法，参见忠诚第六招"激发员工内驱力"。

◇ 创新客户体验，给客户惊喜

创新客户体验，就是研究目标客户在特定场景下的行为方式与思维方式，对产品与服务的各种细节、提供流程、组合、定价等方面进行持续优化与升级换代，让客户花最少的精力实现需求、感觉更愉悦。如果客户对创新性体验感到惊喜，就会产生正面口碑。

创新客户体验、给客户带来惊喜，具体做法如下。

1. 赠送

给客户带来惊喜的简单方法，就是给他意想不到的好处。例如，当你买了一双新鞋，商家赠送你一双鞋垫或袜子；你在超市购物后可以拿小票领一盒巧克力；你入住酒店后发现房间里有赠送的水果或小点心。这些小礼品的花费不大，却往往令客户感到惊喜，产生良好口碑。

我们出去吃饭等就餐位很常见，通常是干巴巴地等待。怎样把等待变成一种享受呢？有些餐馆在入口处设等位专区，提供茶水、水果、扑克、美甲、擦鞋、上网、手机充电、电动车充电等，统统免费！这些优质免费服务让客户感到惊喜，产生了很好的口碑。

关于理想的赠品，参见原理三"增加客户感知利益"的相关内容。

2. 创新服务体验，不断超越客户期望

现在，消费者的需求越来越个性化，尤其是"Z世代"年轻用户，需求愈加独特，企业需要不断提升客户体验水平。

创新客户体验的基本方法，就是主动满足客户有代表性的不合理期望。以服务体验创新为例，企业调研当前无法满足的客户期望，发现其中有代表性的、通过改善服务能实现的，予以满足，并将满足这种不合理期望转变成企业的常规服务项目，就能在客户心中树立良好的形象，海尔、招商银行就是典范。

案例　　　　　　　　海尔：不断创新服务体验

二十世纪八九十年代，海尔创造了很多全新的服务模式。

1985年，海尔率先推出"不喝客户水，不抽客户烟，不吃客户饭，不要客户礼物"的服务"四不准"，今天看起来像废话，当年却是行业内首个服务标准。20世纪90年代初期，海尔首次推出主动上门维修。1998年，海尔要求员工上门服务要戴鞋套。2008年，海尔推出成套服务，客户一次购买两件

以上产品，可以享受一次送货并安装到位的服务。

海尔总是在行业内第一个满足客户的不合理期望，不断升级服务水平，感动客户，打造口碑。服务不断被模仿，海尔就不断创新，主动提高客户的期望，引领服务模式升级，海尔也因此成为最具服务竞争力的企业。

3. 打造独特的场景体验

客户体验是精心策划和组织实施的产物。就像在戏剧表演中，台上发生的一切只是冰山一角，背后是长期的准备、排练、布景、灯光设计，数百个元素结合才能营造出良好的体验。

打造独特体验的关键是聚焦客户需求，吸引客户参与，与客户共创体验。以客户的特定场景为中心，深入研究客户的生活或工作方式，洞察未被满足的需求，搭建个性化场景，创造新的生活或工作方式。

以大众消费者的生活场景为例，搭建个性化场景的关键元素如下。

①空间。包括家、汽车、地铁、办公室、咖啡厅、超市、电影院、健身房、公园、海滩等。在每个具体空间场景，客户都有不同的功能诉求。例如在"家"这个场景，客户的诉求包括"安全""温馨""舒适""智能"等。这个场景还可以细分为更具体的"厨房""客厅""卧室"等空间。

②时间。即典型的时间安排，如早、中、晚、周末、节假日等。不同客户具有不同的时间场景，如学生群体开学，上班族上下班。企业需要结合客户的新生活方式，搭建适合的时间场景。

③行为。日常生活中涉及动作的行为包括走路、逛街、跑步、驾车、用餐、购物、聚会、听音乐、玩游戏、打电话等。

4. 让客户期待新产品、新功能

企业告诉客户即将发布新功能或者新产品，吸引客户持续使用产品，并持续关注与谈论产品，这种做法在智能手机、网络游戏、网络视频以及在线应用软件等行业比较流行。苹果公司习惯于让客户迫不及待地等着公司推出惊艳的新产品，然后升级自己的设备。Salesforce 只在重大活动中才宣布产品更新进展，让客户一直期待这些新功能，保持活跃的订购状态。奈飞、HBO 等视频服务商擅长利用"即将播出"策略，例如《纸牌屋》和《女子监狱》（*Orange Is the New Black*）等奈飞原创剧在新一季播出之前都会有段间隔时间，吸引客户持续保持活跃的订购状态。

2008 年，开心网成立，"偷菜""抢车位""买卖朋友"等游戏很快风靡大江南北。2010 年，开心网注册用户超过 8500 万，页面浏览量（PV）超过 20 亿，在国内网站中名列前茅，广告客户蜂拥而来。但是，"偷菜"等游戏的新鲜感过后，开心网却没有及时推出更具吸引力的新产品、新功能、新体验，网民很快就出现了审美疲劳，纷纷流失了。

5. 利用新技术提升客户体验

为了满足"Z 世代"年轻用户的需求和偏好，领先的通信运营商利用新技术打造智慧门店，升级客户体验，做法包括：营业厅转型为新型多功能厅，集电竞、游戏、娱乐、科教于一体，寓教于乐，配置有云 VR、云游戏以及极速直播设施；门店向便利店转型，通过智能手持终端、电子价签、在线自助选购、二维扫码等信息技术，优化购物流程，给客户全新的一站式购物体验；利用大数据和人工智能技术（人脸识别、情绪识别等），记录分析场景中人的行为；利用硬件技术（移动设备、传感器、定位系统以及数字互动触屏等）实现消费者与场景相互感知，打造"展示 + 参与 + 互动"的新型门店。

◇ 利用峰终定律，打造难忘体验

1. 峰终定律概述

诺贝尔经济学奖得主丹尼尔·卡内曼（Daniel Kahneman）研究发现，人们对一项事物的感受，取决于高峰时与终结时的体验，而对过程体验的好坏、时长及比重，人们几乎没有记忆。这就是峰终定律（Peak-End Rule）。

卡尼曼研究了病人在结肠镜检查期间所感受的痛苦水平和所记忆的痛苦

水平。病人的检查时间为 4~69 分钟，每位病人每隔 60 秒报告一次他们的痛苦指数，指数用从 0 到 10 的整数表示（0 表示无痛苦，10 表示无法忍受的痛苦）。他们共测试了 154 位病人，下面是其中 2 位病人的痛苦指数。

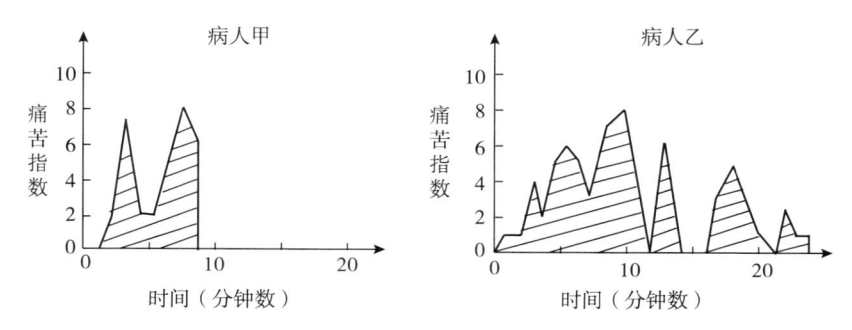

图 3.3 结肠镜检查中病人的痛苦指数

显而易见，病人乙的经历更加糟糕，病人乙所遭受的痛苦明显超过病人甲。但是，当病人们对其经历进行总体评价时，病人甲感觉更加痛苦。进一步的实验发现，病人对痛苦的总体评价与他们所感受到的最大程度痛苦及最后几分钟的痛苦紧密相关。

还有一项噪声实验。让两组受试者听相同时间的强噪声，然后，让 A 组停下，让 B 组接着听一段时间的弱噪声。很明显，B 组的受试者比 A 组的受试者遭受了更多的折磨。但是你猜怎么样？B 组的痛苦指数反而比 A 组低！

卡尼曼发现，人类对感觉的记忆有"偏见"，记忆并不能准确反映真实的感受，人类并不能理性地看待整个感受过程，而是选择性记忆，挑选、保留经历中少数关键的细节或瞬间——高峰或低谷，以及最终时刻。峰终定律揭示了人类体验的规律。

"峰"时与"终"时的体验决定了人们对一段经历的感受。如果在一段体验的高峰或终结时刻，你的感受是愉悦的，那么你对整个过程的感受就是愉悦的——即便这次经历总体上很痛苦。

2. 营造峰终体验，打造口碑

企业在与客户接触的过程中，打造关键时刻"峰"与"终"时的美好体验，能让客户印象深刻，主动向他人推荐。

"峰"：找到一个关键接触点，为客户塑造高峰体验——超出客户的预期，让客户感到激动或惊喜，从而主动与他人分享。这个高峰体验，可以是企业精心策划的服务项目，也可以是服务人员创造出的感动瞬间。

"终"：在最终时刻给客户创造美好体验，让客户难以忘怀。某儿科医院在诊疗结束后，送给孩子们小礼物和零食，这样即便过程很痛苦，最后有一个甜甜的结果，孩子们的痛苦印象也会减轻不少。某餐厅向晚餐客人赠送一份糕点，作为第二天的早餐。某航空公司在飞机着陆前为乘客提供温热的甜饼、薄荷糖。有些企业一开始就提供良好体验，关注整个服务过程，却忽视了最后时刻的客户体验，这就得不偿失了。

案例　　利用峰终定律，打造难忘体验

在宜家购物有不少不良体验，比如商场内路线复杂，难以找到店员提供帮助，要自己从货架上搬货物，结账排长队等。但是宜家的峰终体验做得很好，"峰"就是过程中的小惊喜，比如在货架上发现物美价廉的商品，"终"就是出口处1元钱的甜筒冰淇淋。

星巴克的"峰"是友善的店员和咖啡的味道，"终"是店员的注视和微笑。尽管整个服务过程中有排长队、价格贵、长时间等待制作、不易找到座位等很多差的体验，但是顾客下次还会再去。

麦当劳给大人的高峰体验是快速，给小孩的高峰体验是小礼品和翻斗乐。

赞恩自行车店1美元以内的零配件免费。这些零配件通常与顾客的不愉快经历有关，例如，星期六早上骑车出去玩，车子却坏在半路，走了半天才找到修车店。在这样的特殊时刻，修车店免费提供零配件，会让顾客感动，对修车店产生深刻印象，不仅以后会来购车，还会持续向别人推荐。据统计，每个顾客在赞恩车店的平均支出达到12500美元。

◇ 开展智慧运营，提供个性化、场景化体验

1. 整合数字化触点体系，打造良好互动体验

随着电商、新媒体的普及，企业与客户交互的数字化，企业和客户之间的渠道触点越来越丰富——社交媒体、用户论坛、网页浏览记录、智能硬件交互等，这些触点都留下了客户行为的"蛛丝马迹"。

企业要打破各种渠道触点之间的藩篱，将这些无处不在的渠道触点整合到一起，在正确的时间与消费者进行有效的互动，打造良好的互动体验。譬如，发送促销信息的电子邮件会被客户当作垃圾邮件，而通过二维码推送打折信息则是服务创新。如果企业能够掌握何时、何地、以何种方式与消费者进行互动，那么他们就能打造良好的互动体验，这种互动甚至能媲美人际交往。

案例　　　　博柏利：给消费者良好体验

奢侈品公司博柏利（Burberry）委托 SAP 公司开发了一款应用软件，它可以将公司各种渠道触点的数据汇集起来。当顾客进入卖场时，摄像头会进行自动识别。博柏利的销售人员就可以通过手中的 iPad 了解顾客的详细信息，包括联系方式、购买历史、消费数据、喜好产品以及其在社交媒体上对本品牌的评价。这样销售人员就可以以一种全新的方式与消费者进行接触。

2. 完善客户数据平台，实现营销服务智慧化

在整合数字化触点的基础上，企业要全方位收集客户数据，构建 360°客户需求全景视图，建立储存客户海量信息的数据平台。基于客户数据平台，洞察客户特征和偏好，利用智能算法高效配置资源，实现营销服务智慧化。

其一，提升客户数据平台的运营能力，包括数据采集、清洗与关联整合、挖掘建模、计算与分析等能力。

其二，利用大数据、智能技术为营销与服务注智赋能，向客户提供极致的消费体验，包括利用智能技术收集数据，如智能语音（语音识别、语音搜索、语音合成），计算机视觉（人脸识别、图像识别、文字识别等）等，支撑企业智能客服、精准营销和精确管理；利用机器学习来优化个性化体验。

其三，企业要与客户加强互动，对客户需求做出快速响应，方便客户了解企业文化，试用新产品，进行实时咨询或投诉。

案例　顺丰：利用智能技术提供个性化服务

目前，智能客服的形式已被广泛接受。据研究，智能客服在应用中能够解决 85% 的常见问题且花费仅是人工客服的 10%，满足企业在提供个性化服务时"降本增效"的诉求。顺丰于 2016 年推出在线智能客服"丰小满"，致力于打造智能高效、人性化、有温度与情感的客户服务。智能客服所具备的自然语言处理能力、完备的知识库、会话转接与人机协作能力、24 小时在线等优势极大提高了服务效率。

针对企业客户，顺丰配备了专属客服，打造专属工作台，利用智能技术帮助企业在寄前、寄中、寄后等各个环节提供更加个性化、快捷、优质的服务，并根据 AI 质检、客户反馈不断优化客服体系，提升平台使用体验。

顺丰的客服体系覆盖了微信公众号与小程序、官网、APP 全渠道，并以开放接口形式使客服与企业的运营管理、业务流程更好地融合，通过每一次沟通沉淀留存客户信息，打通售前、售中、售后全流程、全场景。

3. 提供"千人千面"的个性化体验

企业可以通过机器学习、利用大数据理解客户，跟踪、预测并影响客户行为，满足不同客户在不同场景、心境下千变万化的需求，提供"千人千面"的个性化体验。比如，根据每位客户的喜好发送个性化产品推荐，进行交互对话，这样不仅能够灵活控制库存，还能有效提高销量，第一时间向客户呈现其所需要的信息与产品。例如，淘宝、亚马逊等电商平台利用与客户交互形成的大数据，实现个性化商品推荐。亚马逊利用客户的购买信息、查询信息和点击信息为客户提供贴近其偏好的可能选择，降低客户的搜寻时间，甚至还向客户提供购买建议，有的建议连客户也未曾想到。

案例　今日头条、网易云音乐：提供个性化体验

今日头条利用大数据与 AI 的深度学习算法，建立个性化推荐机制，给客户提供更好的内容体验。今日头条成为每个人的"私人"媒体，能够根据客户的社交行为、阅读行为、年龄、性别、职业等元素，利用机器算法准确分析出客户的兴趣点，实现"比客户更懂客户"，向客户精准提供个性化内容。

网易云音乐打造每个人的音乐殿堂——客户可以将音乐任意组合，建立属于自己品味和音乐理解的个性化歌单。网易云音乐成立四年，客户自主创建了 4 亿多个歌单，累计发展了 3 亿客户。

案例　喜茶：打造"数字化奶茶"，提供个性化体验

喜茶成功的秘诀在于打造"数字化奶茶"，实现智能化运营，具体做法有：

第一，广泛收集用户数据信息，包括姓名、性别、出生日期、电话号码、电子邮箱、偏好语言、第三方平台（如微信）的用户名、所在省市、消费日期与频率，线上点餐时收集收件人姓名、电话号码、送餐地址、购买的产品名称/金额/日期、登录时的地理位置信息、设备信息，在与用户互动过程中收集其收入、婚姻状态、工作、教育背景等各种信息。喜茶通过这些数据，开展数字化经营，从供应链管理、产品研发、市场营销、优惠推送到售后服务，实现全链路智能化。

第二，根据用户数据洞察，研究消费者喜好，挖掘细分需求，推出独特新产品。从喜茶披露的报告来看：女性用户更爱温暖（热／温／去冰的占比高于男性14.4%）；在"80后""90后""00后"人群中，越年轻越爱"正常冰"，越年长越爱"温"；"00后"选择正常糖的比例是41.8%，而"80后"仅为17.1%。解读这些数据，可以指导新产品开发，例如，基于年长者对糖分的顾虑，喜茶推出了极低热量的"甜菊糖"。

第三，推送个性化的产品、服务与权益。喜茶基于详细的信息数据对会员精准画像，提升会员消费水平，提供专属定制化的服务、灵活的奖励政策。例如，根据会员打开小程序时的定位，自动为其分配距离最近的门店；根据门店数据，将目前最热销的存量较多的产品，优先展示给会员；实施灵活的折扣策略，根据不同的时间段为会员推荐早餐、下午茶等不同的组合。

4. 提供"一人千面"的场景化体验

未来，企业利用大数据与AI技术采集和分析客户数据，自动触发的营销流程适时为客户精准推送场景化的产品、服务和权益，同时提供场景化的推荐话术与营销内容。基于5G与AI的共同赋能，终端将对客户所处的时间、位置、行为习惯甚至生理、情绪等多维度数据进行智能处理，向客户精准推送"一人千面"的场景化体验，实现业务主动"找客户"与"服务人"，充分满足广大消费者对美好数字生活的追求。

2 口碑第二招
利用利益驱动

即使产品品质与客户体验非常好，
很多人还是不愿推荐转发。
如果进行利益刺激，
就能提高客户的推荐动力。

◇ 传统的利益驱动拉新方法

1. 前互联网时代的做法

前互联网时代，人们主要基于现实世界中的社交关系进行人际传播，利益驱动拉新的主要做法是批发、买赠、直销等。由于每个人的圈子有限，人际传播的效率低，利用人际关系推销产品的成本高，"人拉人"的模式难成气候。

①批发。商家薄利多销，零售价10元，批发价8元。客户为了获得优惠，会邀请亲朋好友一起购买。

②买赠。商家经常开展买赠活动，如"满5赠1""满10赠3"。

通常情况下，一个人去一次咖啡店只喝一杯咖啡。星巴克采用亲友邀请券（买一赠一）而不是半价优惠，鼓励两个人一起消费，让客户与亲朋好友分享快乐。

③直销。直接销售（Direct Selling），简称直销，指个人对个人的销售模式，客户向他人推荐，帮助企业宣传、销售产品，成交后分享一部分利润。对于需要进行使用教育的新产品，直销比较适合，特百惠的理家会模式是典型。

案例 特百惠的理家会

20世纪50年代，特百惠（Tupperware）开始生产家用塑料保鲜容器，如圆碗和水杯。这些新产品比传统食品容器具有明显优势：轻便、密封、不易破损。

推销家用塑料容器的最好方式是家庭演示。特百惠的销售专家怀思太太（Mrs. Bonnie Wise）发明了社交体验销售方式理家会（Home Party），就是组织家庭主妇聚会，针对常见的理家问题提供实用解决方案，让家庭主妇了解新产品的功能与特色，培养使用习惯。

理家会的组织者被称为"理家顾问"，就是特百惠经销商的销售人员。理家顾问通常邀请同是家庭主妇的邻居、朋友、亲戚参加家庭聚会，示范特百惠产品的使用方法，演示扣上盒盖的方法，并解释其储存食物、保鲜防腐的作用，把封好的碗抛向空中证明内容物不会洒出，并借助微波炉制作无烟烹调的美食，展示轻松整洁的备餐过程。在理家会上，家庭主妇们可以边参与边学习、边游戏边交流，既丰富了生活，学习了烹调知识，又结识了新朋友。

特百惠尽量降低成为经销商的门槛，吸引家庭主妇开店加盟、成为"理家顾问"。理家会成为与朋友们分享轻松理家、健康生活的休闲聚会，参与者都成了特百惠的品牌宣传与销售人员。

2. PC互联网时代的做法

PC互联网时代，由于短信、QQ、团购、论坛、微博等社交工具的便利性和线上交流的低成本，利益驱动拉新模式得以发扬光大，主要做法有：

①群发消息。2005年，中国互联网上流传着一个"未解之谜"——"马化腾的生日到底是哪天？"QQ里面曾经流传这样一则消息："今天是腾讯老板马化腾的生日，只要把这个消息发给5个人，就能升10级，我已经试过了，10秒钟就能升10级，不相信也要试试，反正没坏处。"动动手指就可能获得某种好处，许多人抱着无所谓的态度将该消息转到其他QQ群，这些群里有人信了再将消息转到别的群，这则消息就实现了广泛传播，大大提高了广大用户对QQ的使用黏性。

②团购。2008年，Groupon在美国成立，引领团购网站风靡一时。当时，美团、大众点评的页面通常是这样的：一个原价，一个团购价，还有一个进度条，当凑够一定人数，进度条满了之后，可以实现团购价。为了享受优惠价，很多人通过QQ、微博等社交工具将页面转发给朋友，邀请朋友们参加。

③转发微博。2010年，微博成为最热门的社交工具。当时流行的营销方式是发一个抽奖类微博，内容包含产品营销信息，要求参与抽奖的用户关注后转发该微博并@几位好友。转发微博会让营销活动得到更大曝光，@好友就让好友看到该活动并接续转发，营销信息就实现了广泛传播。

◇ 数字时代，让客户成为分销商

客户不仅是消费者、品牌推广者，还可以是产品推销员。企业要将客户转变成分销商（分销员），实现人人推广、人人得利。

今天，人们进行信息分享的工具很多，包括微博、微信、抖音、快手、B站以及短信、QQ（好友、空间、群组）等，通过利益驱动拉新的常见做法如下。

1. 奖励拉新

奖励老客户拉来新客户。有些企业制定了分销商制度，实现市场推广微商化。客户扫描二维码就可以进入分销商申请页面。分销商又称"合伙人"，就是把商品信息（二维码、链接等）分享给他人，一旦他人通过该分享实现付费购买，分销商就能获得奖励与佣金。

例如，某房地产商开展"全员营销"，员工推荐成交一套房，就会获得奖金以及总房价 1%～2% 的佣金。

> **案例**　　　　　　　　　　奖励老客户拉来新客户

神州专车奖励老用户邀请新用户，新用户注册并使用专车后，老用户就可以获得 3 张 20 元的专车券。

2018 年年初，阿里云推出"阿里云大使"推广计划。用户在阿里云平台上注册账号，即可成为"阿里云大使"，分享链接即有机会获得返利。新用户交易成功后，"阿里云大使"可获得交易金额 5%～20% 的返佣。

> **案例**　　　　　浦发银行信用卡中心："合伙人"分销体系

浦发银行信用卡中心的"合伙人"可以通过四种方式推荐他人申请办理浦发银行信用卡："合伙人"专属二维码或链接，"浦发银行信用卡中心"的官方微信、官方网站以及官方 WAP 网站，申请时都要填写"合伙人"在浦发银行预留的手机号码。

"合伙人"分为新手、初级、高级、资深级、顶级等不同等级，承担不同的任务（每季度发展一定数量的新用户），享受不同的权益（礼包、提成、参与专属活动等）。

2. 分享后免费

老客户分享后，新客户可以免费使用。这种方法适用于价格较高或单次体验成本较高的创新产品，客户需要先试用，体验一段时间，形成一定的消费习惯，比如年费几百元的线上课程、线上培训、手机游戏等互联网服务。例如，"喜马拉雅FM"上的很多付费课程设有"分享免费听"，原本付费才能听的节目，只要分享到朋友圈，朋友就可以免费收听。

3. 分享红包

客户购买后收到红包，可以分享给朋友，朋友注册后就可以使用红包。例如腾讯利用微信将传统的红包习俗发扬光大，迅速推广了微信支付业务。这种做法很快流行起来，滴滴、快的等共享汽车，摩拜、OFO等共享单车，饿了吗、美团等外卖企业，为了争夺市场份额疯狂补贴，补贴以红包的形式在微信好友间和微信群中传播，快速收获了大量新用户。

4. 分享信息和资源

除了代金券、红包、免费使用等物质利益，还可以鼓励客户分享信息和资源，如品牌自身的资源（如数字产品），以及攻略、心得或影评等有价值的信息。

案例　　　　　　　　　　微信读书的福利诱惑

微信读书激励老用户分享资源来发展新用户，典型活动是"赠一得一"与"组队抽取无限卡"。

每周二，微信读书会推出6本书，"赠一得一"活动是，赠送给朋友参与活动的某本书——分享给微信好友，或发送到朋友圈或微信群，只要对方领取成功，自己就能免费领取并永久获得那本书。

"组队抽取无限卡"活动的奖品是用来读书的无限卡，队长发起活动，邀请好友组成5人队即可参与抽奖，中奖概率100%。中奖后队长能额外获得2天无限卡，所以队长愿意主动发起分享；由于100%中奖，被邀请的好友也愿意参与活动。

5. 直销公司转型

近年来，直销公司纷纷转型。直销员转型为微商，卖什么商品就转成什么领域的网红达人，如育儿、娱乐、减肥、美食、美容等，与粉丝互动，销售商品。直销公司转型为销售支持平台，支持广大微商开展运营，除了提供供应链（采购、仓储、配送、发货等）与售后客户服务之外，还协助制作宣传内容，提供互动活动所需的道具物料，协助管理客户关系等。

例如，安利的几十万直销员转型成微商，在全国开设了上万家社区体验店，安利公司转型成销售支持平台。安利不再是直销公司，而是演变成为全渠道覆盖的销售型公司，拥有电商、社区体验店、柜台直销以及传统销售业务。

6. 双边奖励

让上线下线都获益：A消费后得到红包，A把红包分享到朋友圈，B领取红包消费后，A会获得一定返利。

案例　　　　　　　　　双边奖励：刺激社交拉新

优步（Uber）：老客户通过邀请码成功邀请到新客户后，新老客户都会获得5美元的乘车金。

瑞幸咖啡：A在朋友圈分享免费咖啡的链接，B点击后注册成功，A、B各得一张免费咖啡券。大部分人在朋友圈分享都是为了获得免费咖啡。

拼多多：以利益刺激用户分享链接。邀请新用户注册成功，邀请者就能获得现金奖励，新用户也得到优惠券。APP首页上有多种引导注册的方法，包括"助力享免单""现金签到""天天领现金""砍价免费拿""帮帮免费团"等。

7. 精神激励方法

如果客户推荐品牌能显得自己时尚、有品位、有趣，或者对朋友有好处，或者能展示自身成就并收获别人的尊重，客户就愿意推荐分享。

企业可以根据产品特点，参考会员精神权益的设计方法（参见"忠诚第三招"的相关内容），设计成就勋章、积分排名等形式，激励客户推荐分享。精神激励通常要与物质激励协同进行。

案例　　学习类产品：通过打卡实现推荐分享

有些学习类APP通过"打卡"的方式激励客户持续使用，起到推荐分享的作用。在朋友圈晒打卡可以塑造积极向上的个人形象，让朋友监督自己学习。另外，客户打卡完成后能获得平台的福利，如免年费、获得赠书等。

微信朋友圈的打卡活动很多。例如，知乎读书会曾推出"连续打卡7天返年费"活动，原价199的会员年费限时99元，只要坚持读书打卡7天，知乎就会全额退款。薄荷阅读，客户做完词汇量测试后，会向其推荐3~4本英文原著，如果客户完成100天的学习打卡，就能获得纸质图书。

案例　　支付宝春节"集五福"活动

2016年春节期间，支付宝开展了"集五福"活动。五福卡分别为：爱国福、富强福、和谐福、友善福、敬业福。共有79万人集齐五张福卡，平分2.15亿元奖金。2017年，1.68亿人集齐"五福"，拼手气分2亿元。2018年，2.51亿人集齐"五福"，拼手气分5亿元。2019年，3.3亿人集齐了"五福"，拼手气分5亿元。

2020年"集五福"活动的奖金是5亿元，"集福"的主要方式是：①AR扫福，扫描任何"福"字都可能集到福卡。②在蚂蚁森林帮助好友浇水得福卡。③运动集福，使用"支付宝运动"，一段时间内每天走满100步即可领福卡。④蚂蚁庄园集福，派自己的"小鸡"出去给支付宝好友拜年得福卡。⑤邀请亲友组建"我的家",然后就可以每天签到领福卡。

现在,人们参加"集五福"不仅是因为有趣,而是将其看作一种社交活动,身边的人都在玩,朋友间你缺一张,我多一张,赶紧加个支付宝好友赠送一下。当自己缺某个"福"时,可以向朋友们讨"福"。一到年关,"集五福"就成为线下线上的热门话题,引发广泛传播,推广了支付宝APP。

◇ 建设社交推荐平台,完善推荐机制

企业应该建设社交推荐平台,完善社交推荐机制,让客户的推荐拉新行为快捷、高效。

1. 参考社交电商模式,建设社交推荐平台

与传统电商不同,社交电商的展示商品、了解商品、购买商品等环节是在人际社交环境中完成的。用户在社群、朋友圈推荐商品,朋友看到商品觉得满意,点击链接即可购买,整个消费过程非常便捷。社交电商连通了上游的品牌厂家与下游的微商,为品牌商家提供销售服务,使其专心于研发与生产活动;为下游微商打通供应链并提供运营工具,使其专心于销售与服务活动。这就提升了全产业链的效率。

案例　　社交电商云集:让会员成为传播者与销售者

云集是一家社交驱动的会员电商,2015年上线APP,2019年5月在美国纳斯达克挂牌上市。

云集提供美妆、母婴、健康食品等领域的商品。客户注册并缴纳会费(最初为398元)就成为会员,并获得同等价值的商品。会员将商品信息推荐给他人并实现了交易,就能获得一定的报酬。例如,2020年3月3日,云集会

员通过推荐商品并促成交易，单日共获得3442万元报酬。介绍新人成为会员可以获得"拉新费"，新会员每下一次订单，老会员都能获得佣金；新会员再发展会员，老会员也能分享拉新费与佣金。

云集会员实质是微商，会员可在云集平台上开店，通过社交推荐卖出商品后获得返利。云集平台向会员微商提供商品采购、仓储配送、发货、电商营销宣传材料、营销培训、IT系统、客户售后服务等；会员微商不需要压货，不用担心采购、发货、售后服务等，集中精力挖掘社交资源、宣传商品、拓展市场。

2019年，云集平台交易额352亿元，收入116.72亿元。截至2019年12月31日，云集累计会员1380万人。

案例　　社交电商芬香：为京东引流

2019年上半年，社交电商"芬香"开始在微信朋友圈流行。芬香取意"分享"，是京东的战略合作伙伴，致力于为京东引流。

芬香为京东引流的主要方式，就是吸引广大微商分发京东专属优惠券。芬香发展的微商负责吸引流量并销售，京东负责提供商品和供应链。芬香的宣传语是"自购省钱，分享赚钱""0风险、0收费、京东品质、海量优惠"。京东平台及其商家能获得新流量，所以愿意提供优惠价。微商与下线通过链接注册的方式，确定彼此层级关系和利益分配机制。微商发展下线，可获得10%～50%的佣金提成。通过芬香，普通京东用户能将自己的私域流量变现，只要有人通过自己分享的二维码下单，他就能获得一笔佣金。

这些微商建立了成千上万个微信群——"京东内购群"，吸引朋友以及朋友的朋友加入，在群内分发京东专属优惠券。他们就像规模浩大的蚂蚁雄兵，在微信群不断裂变，为京东源源不断地导入流量，并获得佣金奖励。

芬香的商业模式与传销不同。芬香没有收费门槛，加入不需要缴纳费用，在售商品都是京东商城上货真价实并有售后服务保障的商品。值得注意的是，芬香的抽佣体系不能超过三级，否则就涉嫌非法传销。

2. 完善社交推荐机制，赋能客户拉新

①低门槛。存量客户都可以参与，尽量扩大客户基数。

②多渠道。以社交媒体作为宣传主渠道，如微信朋友圈、微信群、APP、微博、特定论坛等。

③抓住分享时机。例如，企业可以利用"峰终定律"，在客户使用产品的关键节点如新购、复购、升级时，提供"高峰体验"，这时客户更易于向别人推荐。

④提供分享内容。一是提供分享素材，包括视频、照片、文字评论等原创内容，提升可信度与传播性。例如，"得到"APP 曾持续开展跨年演讲"时间的朋友"，网上直播演讲内容，同步更新照片，演讲结束之后，迅速发布演讲的金句集锦、视频片段、演讲全音频和全文稿、PPT 以及现场照片等。二是帮助客户生产内容。例如，为了给客户提供乐趣，某咖啡馆用世界各地的咖啡豆装饰空间，客户扫描二维码就可以看到有关咖啡豆的故事；咖啡杯上有 3D 打印照片，客户会忍不住拍照并分享到朋友圈；在咖啡馆举办美术展览、时尚秀场、爵士舞演出等。

⑤提升客户分享能力。一是提升分享链接、微店、后台管理等系统能力；二是知识扶持，提升客户专业能力，进行远程培训、案例分享等。

⑥严格管理。一是加强监管，跟踪客户反馈和网上舆情，严管不实宣传、滥用品牌等行为，避免因个别客户的不良行为产生负面口碑；二是评估营销效果，进行针对性奖惩；三是建立便捷的退出机制。

3 口碑第三招
利用种子客户

推广新产品时，
要找到不同阶段影响力大的客户，
通过这些"种子客户"吸引新客户。

20世纪50年代，美国新墨西哥大学社会学教授埃弗雷特·罗杰斯（Everett M. Rogers）研究发现，无论在什么领域，创新（包括新技术、新产品或新思想）在一个特定群体中的扩散总是遵循一个普遍规律。1962年，罗杰斯出版了社会学经典著作《创新的扩散》（Diffusion of Innovations），提出了著名的创新扩散理论——创新的扩散过程是一条S形曲线。

创新扩散包括扩散速率、扩散过程两个方面。扩散速率，即单位时间内的新增客户数，是按时间呈正态分布的钟形曲线。扩散过程，即创新的累积扩散程度，把正态分布的新增客户数累积起来，就得到市场发展的S形曲线。扩散过程可以分成不同阶段，各阶段的扩散速率不同、采用者群体的特征与数量不同。

正态分布也叫常态分布，世界上很多现象都呈现正态分布，例如，一个群体里面每个个体的身高、体重、智力水平及学习成绩等。

为什么创新的扩散过程是S形曲线呢？这是由于不同个体的接受门槛不同，创新者具有冒险精神，接受门槛很低；晚期采用者对创新有抵触情绪，接受门槛很高。所有人的接受门槛呈正态分布，因此就形成了S形的扩散曲线。

正态分布有两个基本参数：平均值x，即平均样本数；标准差sd，即分布偏离平均值的程度。我们可以根据平均值x与标准差sd这两个统计变量，对呈正态分布的采用者进行分类。以垂线标示出标准差，可以将正态曲线分成几个区域，各区域的个体占总样本比例如图中标示。

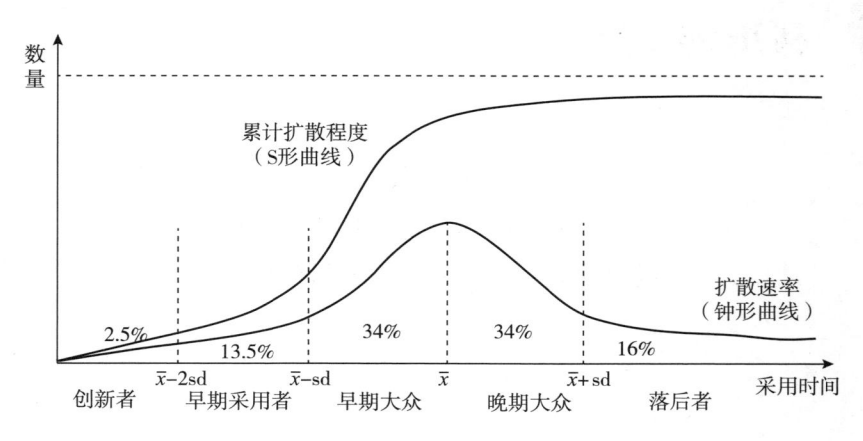

图 3.4　创新扩散的正态分布与采用者模型

按照采用创新的时间，可以将采用者分为五类：创新者（Innovators）、早期采用者（Early Adopters）、早期大众（Early Mainstream）、晚期大众（Late Mainstream），以及落后者（Lagging Adopters）。这五类采用者在客户群体中的比例不同。创新者人数很少，占客户总数的2.5%（采用时间在2sd之外）；早期采用者占客户总数的13.5%（采用时间位于均值2sd~sd之间）；接下来是早期大众，占客户总数的34%；随后是晚期大众，占客户总数的34%；最后是落伍者，占客户总数的16%。

新产品在市场上被接受的过程，就是创新在目标客户群体中扩散的过程。不同阶段的新客户的核心需求不同，兴趣与性情不同，价值观也不同。创新者喜欢新技术、新事物，具有冒险精神。早期采用者是相关领域的意见领袖，较早采用新观念与新产品，领先潮流，希望获得别人的尊重。早期大众较早接受新观念与新产品，但他们对创新持谨慎态度。晚期大众往往不信任创新，疑虑重重，只有大多数人都使用之后才会接受。落后者抵制创新，反对新事物。概括而言，创新者是"发烧友"，关心产品性能；早期采用者是"时尚者"，关心新产品带来的成就感；早期大众是"实用者"，在乎实用性、质量以及品牌形象；晚期大众是"保守者"，需求多种多样；落后者是"落伍者"。

新产品在目标客户群体中的扩散过程，也相应分为几个阶段。第一阶段是导入期，新产品刚推向市场，创新者（发烧友）的数量少且分布分散，S曲线处于底端，市场增长缓慢；第二阶段是成长期，早期采用者（时尚者）加入，S曲线向上倾斜，产品销量增长速度加快；第三阶段是起飞期，由于时尚者是人群中的意见领袖，他们采用新产品之后，很快会引起早期大众（实用者）的效仿，S曲线向上倾斜，加速上升，市场增长速度达到最高；第四阶段是成熟期，晚期大众（挑剔者）进入市场，市场规模很大，但市场增长速度下降；最后阶段是衰退期，保守的落伍者加入进来，市场成长速度更慢，最后逐渐陷入停滞，S曲线趋于水平状态，新增客户趋于零，新产品完成了在目标市场中的扩散过程。

在市场发展的不同阶段，企业要寻找不同的"种子客户"。营销经理要明白：第一批种子客户是谁，他们在哪里；第二批种子客户是谁，他们在哪里。如果不清楚、没把握，就说明营销准备工作没有做好。

◇ 在导入期，将发烧友作为种子客户

1. 创新者即发烧友，口碑影响力大

在二十世纪五六十年代的香港，音响器材的痴迷者经常在一起讨论心得、动手组装、比拼音响效果。当时音响器材用的是电子管功率放大器，工作时发热，香港天气又比较炎热，这些爱好者每次鼓捣音响时总是满头大汗、满脸通红，便戏称自己是"发烧友"。后来"发烧友"一词用来指称痴迷某种事物的业余专家，例如组装音响的"玩家"、个人电脑的早期客户、改装汽车或摩托车的爱好者等。

发烧友的动手能力强，所谓"DIY一族"就是指他们。他们不怕麻烦，会购买零部件组装自己想要的产品。20世纪90年代，个人计算机刚进入中国

市场，当时的发烧友不会去购买价格几万元的惠普、IBM 计算机，而是到中关村购买配件自己"攒机"，可能只需要 1 万元，配置还更加高级。

创新者有多种称谓，例如发烧友、极客、业余专家、内行等，他们富有远见，好奇心强，具有冒险精神，有一定财力，对新事物有着强烈的探索欲。他们愿意花钱尝试新技术、新产品，是人群中最早接受创新的人。

创新者热衷于新产品本身，他们搜索并阅读有关新技术、新产品的信息，跟踪、寻找新产品，他们对产品和技术具有专家水准的知识储备和长期浸淫其中的经验。他们热衷于谈论产品，包括产品的技术、功能、使用方法、外观等。他们是朋友圈中该领域的意见领袖，愿意分享自己的经验，影响他人的消费行为。

在新产品的市场导入期，主流客户就是创新者。创新者在整个采用人群中所占比例很小，但他们是新产品进入市场的"入口"，是新产品的第一批目标客户。

2. 寻找发烧友圈子

在市场导入期，新产品不为大众所熟悉，市场需求量小，客户非常分散。寻找新产品的第一批客户，关键是找到发烧友圈子。对发烧友而言，传统的营销手段并不奏效，企业也不宜夸大产品的性能，详细的性能参数可能更有吸引力。发烧友在意产品的性能而不是品牌，只要能提供令其信服的证明，他们就会毫不犹豫地购买。

发烧友通常都有自己的专业小圈子，企业首先要找到这些专业圈子，再进行针对性推介。苹果电脑、小米科技、博世音响、大疆无人机等，这些公司的创始人本身就是发烧友，很自然地就会把新产品带到发烧友圈子里。如果没有和圈子里的人打过交道，那么去他们经常活动的地方或者经常关注的媒体和论坛上推介新产品，也可能达到良好的效果。高科技产品的发烧友活跃在各类社交媒体上，例如微博就聚集了大量 IT 精英、数字产品发烧友。对于时尚类产品，可以去《瑞丽》《电脑之友》这样的杂志上推广；对于新游戏，可以去网易游戏论坛等地方去发帖子。

案例　苹果电脑：家酿计算机俱乐部

苹果电脑公司的诞生离不开家酿计算机俱乐部（The Homebrew Computer Club）。这是一个电脑发烧友组织，成员是几十位受到20世纪60年代反主流文化与科技文化影响的计算机爱好者，多数是工程师。他们每周在硅谷聚会，讨论Alto电脑（第一台个人计算机，1973年诞生于施乐硅谷研发中心）的组装、编程、微处理器等计算机话题。史蒂夫·乔布斯和他的合伙人史蒂夫·沃兹尼亚克都是这个组织的成员。有一天，他们带着第一代苹果电脑的雏形——一块最新生产的电路板在例行聚会上演示时，拜特电脑店（Byte Shop）的创始人产生了极大的兴趣，一下子就订购了50台。

案例　网景浏览器：免费吸引计算机迷

PC互联网时代，浏览器是主要的流量入口，是互联网企业的竞争焦点。

1993年，马克·安德森（Marc Andreessen）带领团队开发出了互联网上第一个图形界面浏览器——Mosaic浏览器，这种浏览器能把个人电脑变成互联网终端，上网变得很容易，网民可以方便地浏览信息资料。

当时，互联网用户大部分是科研机构或者大学的计算机迷，他们分布在全球各个角落，在互联网上冲浪，通过电子邮件系统和电子公告板（BBS）交流信息，他们对当时互联网上的"新生事物"图形界面浏览器具有浓厚的兴趣。网景公司的早期开发者安德森等人都属于这个圈子。1994年10月，网景公司的产品刚开始进行客户测试时，他们了解到几家创业公司正在开发类似产品，可能很快就会赶上来，而网景已经在这个产品上投入了巨额资金。安德森意识到必须尽快将产品推向市场，以占领先机。10月15日深夜，他们把测试版产品放到网上，让网民自由、免费下载，这受到广大网民的热烈欢迎。两个月内就有上百万的互联网爱好者下载了免费产品，他们还纷纷在相关的BBS上讨论，给网景写邮件,提出对产品的改进意见,甚至有爱好者自己动手修改软件。网景针对网民的反馈快速迭代产品,及时把握并满足了市场对图形浏览器的需求。

12月15日,网景正式发布1.0版收费产品,并将其更名为网景导航者浏览器(Netscape Navigator)。导航者浏览器降低了互联网的使用门槛,促进了互联网的全面普及。1995年,导航者浏览器在美国的市场份额达到90%。

创业之初,网景公司的客户是当时的互联网早期使用者,他们在人群中所占比例很小,在日常生活中很难找到他们,也很难识别出来。谁抓住了这些客户,谁就占领了市场先机。而网景公司的创始人就是这个圈子里的人,他们不但能够轻易地接触到这些客户,而且对这个圈子的习惯和偏好了如指掌。

案例　　瀛海威:未找到早期客户

20世纪90年代中期,中国刚通过互联网与世界连接起来。当时,国内的上网人数很少。

1996年年初,北京中关村立起了一块硕大的广告牌,上面写着"中国人离信息高速公路还有多远?向北一千五百米"。从广告牌向北一千五百米处,其实是瀛海威信息通信公司的地址,这是中国第一家面向大众家庭提供互联网信息服务的公司,被誉为"中国信息产业的开拓者"。

瀛海威公司成立以后,不遗余力地培育市场,在上海、广州等8个中心城市开设分站,初步建立起全国性的主干网;在全国各地设立科教馆,供前来参观的市民免费试用互联网并讲解互联网的基本知识。瀛海威科教馆的早期员工回忆当年的工作时说:"当时我们每天的工作几乎就是向人们解释英特网与英特纳雄耐尔之间的区别。"创始人张树新有一个形象的比喻:"我们本来是要卖面包的,结果发现要从种麦子做起。而卖面包的利润根本无法负担种麦子的成本。"

在中国互联网发展的早期,了解、使用互联网的人主要是高校和科研院所的高科技精英,普通大众对互联网这个新生事物几乎一无所知。在市场导入期,瀛海威没有找到自己的早期客户,而是投入大量资金培育市场,造成资金链紧张，连年巨额亏损，很快就倒闭了。

案例　　雷克萨斯：感动豪华车发烧友

1989年，丰田集团旗下的豪华汽车品牌雷克萨斯在美国建成了LS400型车生产线，计划以质量为卖点占领美国市场。1990年，公司技术人员发现生产线上存在两个小瑕疵，公司便决定将刚售出的汽车全部召回检修。刚进入美国市场就要承认产品存在质量问题，这让公司非常尴尬。

传统做法是在媒体上道歉、发布召回公告等，而雷克萨斯却大费周章，给每位客户打电话真诚道歉，并邀请客户就近检修。经销商检修完车之后，还要认真清洗车辆、免费加满油。如果客户住所距离经销商超过100英里（1英里合1.6093千米），雷克萨斯就派技工上门检修。

实际上，汽车的问题微不足道，需要召回的数量也只有几千辆。一时间，舆论认为雷克萨斯小题大做、反应过度。事实上，雷克萨斯清楚，对于新进入市场的高档车品牌，问题的关键不是召回影响的客户的人数，而是受到影响的客户的类型。这次受影响的客户数量虽然不多，可他们都是豪华车发烧友、内行。他们痴迷于豪华车，热衷于谈论豪华车，是朋友圈中豪华车方面的权威，朋友们都向他们征询关于豪华车的建议，他们人数虽少，却决定了这个新品牌在美国市场的口碑。他们盯着品牌的一举一动，可以毫不费力地发起一场关于品牌服务质量的口碑浪潮。

通过这次召回，雷克萨斯感动了这些汽车发烧友，他们纷纷发表赞誉。雷克萨斯将一次灾难性事件变成了展现优质客户服务的良机，塑造了良好的口碑形象。

3. 与发烧友互动，打磨产品

在市场导入期，企业经营重点是技术和产品性能，打磨产品比扩张市场更重要。

　　发烧友乐意为产品改进贡献意见，每当有新产品上市，他们是重要的测试者，愿意发表评论，留下产品使用体验。企业的新产品可以不完善，性能可以不稳定，但一定要重视与发烧友互动，对发烧友的意见快速响应，与他们长时间、不厌其烦地讨论技术细节，满足他们的苛刻要求。企业要根据发烧友的反馈选择最有前途的产品方案，改进产品设计，完善产品性能，提升客户体验。需要注意的是，通过发烧友测试新产品也有风险，如果产品确实出色，他们会给出正面评价和建设性的反馈，否则，负面口碑可能会在他们的圈子中口口相传。

案例　　　　小米MIUI：寻找种子客户

　　小米手机的核心竞争力之一是MIUI——小米针对中国人使用习惯基于安卓系统开发的手机操作系统，功能丰富，客户体验好。MIUI发布第一个内测版本时，首先要找到第一批种子客户。

　　当时，中国的智能手机市场刚刚启动。小米将MIUI的第一批客户定位为手机发烧友。这些人是资深手机玩家，熟悉电脑软硬件，对智能手机的技术、性能、发展趋势有自己的见解。

　　怎样找到这些手机发烧友呢？MIUI总监黎万强带领团队在相关论坛上出没，寻找资深用户。团队几个人注册了上百个账户，每天在相关论坛里发广告，吸引用户关注，与用户互动，并进行筛选。他们发现，活跃度与影响力并不相关，很多人在论坛上很活跃，经常发表各类言论，但影响力并不高；那些有能力发现BUG、提出建议、具有一定影响力的用户，才是小米早期所需要的。

　　小米首先挑选到100位发烧友作为初期的种子客户，让其参与MIUI的研发与设计工作。发烧友反馈的建议会迅速得到回复或采纳，他们感觉自己很受重视，积极性更高了。小米让部分种子客户加入"荣誉开发组"，让他们试用未正式上市的开发版，甚至参与一些绝密产品的开发，这可能存在一定风险，却能大幅度提升客户体验，给其极大的荣誉感和认同感，让其更加积极地参与产品研发工作。这样一来，这些技术高手开始认同并愿意宣传推广 MIUI。

接下来，通过这些发烧友吸引广大的论坛活跃客户成为 MIUI 的志愿测试者和新产品追随者。这些人的数量多，他们缺乏开发能力，但是愿意花时间在论坛、微博上交流产品使用体验和发表评论，他们喜欢"刷机"，追逐小米最新发布的产品。

在发展初期，小米 MIUI 培育了坚实的种子客户队伍（手机发烧友与论坛活跃分子），为小米手机进军大众市场奠定了基础。小米手机 2011 年 10 月上市，2015 年就在中国市场实现销量领先。

◇ 在成长期，将早期采用者作为种子客户

在市场成长期，产品走出发烧友圈子，早期采用者成为主流客户，他们的数量远多于发烧友。第一代苹果电脑在家酿计算机俱乐部得到认可后，乔布斯立即开发第二代苹果电脑。他坚定地认为，这次的目标客户将"不再是少数喜欢自己组装电脑、知道如何购买变压器和键盘的业余爱好者，而是希望电脑拿到手就可以运行的人，其数量是业余爱好者的 1000 倍"。

早期采用者喜欢尝试新事物，对新事物有比较高的宽容度，但他们对创新本身并不热衷，他们不懂技术也没有兴趣，不擅长自己动手。他们不注重性价比，不关注产品实际上有多好，而是需要质量稳定的产品。他们更关注新产品带来的感受，即使需要忍受等待，或是多花钱，例如"果粉"就宁肯排上 6 个小时的队，也要成为买到新款 iPhone 的第一批人。

早期采用者是时尚潮流的引领者。他们从群体外获取信息，在群体内传播，依靠信息不对称成为意见领袖。他们追求"新潮"，通过最先使用新产品获得"先行者"形象，通过分享信息、引领潮流时尚产生号召力，从而受到群体成员的尊敬，产生满足感。他们对品质和价格不太敏感，在意是否引领潮流；产品好不好无所谓，酷不酷才是关键。

在市场成长期，企业营销工作的重点是赋予产品独特的品位和社会属性，赢得时尚客户。通过线上的专业社群、行业知名杂志、线下的兴趣俱乐部（如车友会），或者到相关时尚人士的地理集中地，往往能够找到早期的时尚客户、意见领袖。

案例　　　　　　星巴克：寻找时尚人士

二十世纪末，星巴克进入中国大陆市场时，找到早期客户成为关键。全球统一的供应体系决定了产品单价，一杯2美元的咖啡在中国要卖20元左右，当时北京和上海的居民消费能力远低于美国，平均月工资大约1000元，谁愿意花一天的工资去喝一杯咖啡呢？另外，大众对咖啡也比较陌生，花钱买一杯现磨咖啡，还是一件新鲜事。

星巴克将第一批客户定位为外企白领。在外企工作的白领人士较早接触西方生活方式，他们的外国老板或同事是咖啡的成熟消费者，受其影响，他们了解咖啡、熟悉咖啡，喝咖啡能帮助他们更好地融入公司和外国同事群体。这些外企白领的收入远高于社会平均水平，他们出入高档写字楼，是朋友中的时尚引领者，他们将星巴克咖啡与时尚、现代生活方式联系起来。

星巴克的店铺就选址在早期客户的地理聚集地。1999年，星巴克在北京的第一家店在朝阳区国贸中心一楼开张。随后几家店也都开在CBD中央商务区，这里外资企业多，是外企白领聚集的地方。

案例　　　　　　特斯拉：打造科技时尚品牌

特斯拉的品牌定位是"新能源豪华车第一选择"，通过自动辅助驾驶、大型触摸屏、遥控召唤以及线上销售、将特斯拉发射入太空等打造"科技"的品牌形象，通过聘请服装设计师负责外形设计、在时尚店旁边开线下体验店等打造"时尚"的品牌形象。

特斯拉的首批客户是科技时尚人群，包括科创明星、时尚达人、追求智能或者环保的科技时尚人士，而不是对赛车或者开车的极端体验着迷的汽车达人。2013年8月，特斯拉中国首家旗舰店在北京CBD开业。

由于目标客户的兴趣点是"科技""智能""创新""节能环保"等，特斯拉首先在北京的新闻媒体、科技媒体上开展软文轰炸，将特斯拉的发展打造成重大科技新闻，接着在媒体上大篇幅宣传"特斯拉创业故事""马斯克传奇经历"以及特斯拉的价值观。特斯拉还发起各类科技、创业方面的论坛活动，发起智能汽车APP开发大赛，重金奖励开发者。

通过这些活动，特斯拉吸引到广大科技时尚人士与创业人群的关注与认同，成功进入中国市场。

◇ 在起飞期，聚焦实用者，跨越市场鸿沟

1. 早期主流客户是实用者，看重实用性，愿意听取意见

早期大众就是早期的主流客户，占全部客户数量的大约1/3。发烧友追求技术和性能，时尚者追求时尚和尊重。早期大众是实用者，他们不喜欢风险，不追求新潮与时尚，而是随大流；他们看重新产品的实用性与易用性，关注新产品是否符合自己的实际需要；他们追求性价比，会对不同产品进行比较，选择性价比最优的方案；他们关注新产品是否优质可靠、功能齐全，企业是否具有良好的品牌形象，希望产品有完善的售后服务以及便捷的销售网点。

实用者愿意接受意见领袖的意见，他们会从周围的早期使用者（如发烧友、时尚者）那里获取建议，还会听取朋友、网友的使用心得与推荐意见。

2. 市场拓展顺序：层层递进与跨越前进

根据创新扩散理论，新产品是被不同客户依次接受的，企业需要一层一层地向外拓展客户。如果不先去吸引早期客户（发烧友与时尚者），你就很难

赢得大众市场的认可。早期大众需要试用者的推荐，知道有人用过这种产品了。如果没有人使用过，他们不会去率先尝试。因此，企业需要与早期客户加强沟通，调动其积极性，让他们去教育和影响接下来的早期主流客户，这是引爆市场的关键。

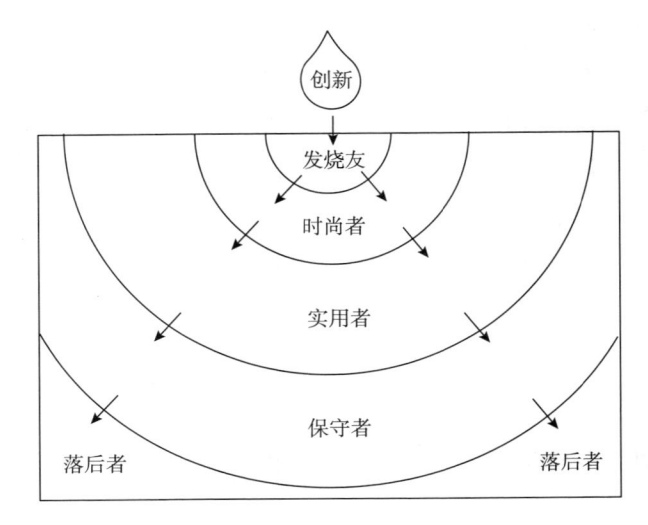

图 3.5 创新扩散过程：新产品被不同客户依次接受

当前，创新扩散理论受到一些质疑。对于新技术、新产品而言，由于市场空间广阔，市场竞争激烈，市场可能不允许企业按部就班、慢慢腾腾地渗透发展。首先，通过早期客户去影响、发展主流客户的速度慢、效率低，而竞争对手可以借助资本与营销优势，进行"弯道超车"；其次，技术领先和商业模式创新只能创造时间窗口，不能建立起市场竞争壁垒，很多产品很快就会被模仿抄袭，国内的知识产权保护尚有待加强；最后，移动互联网时代，信息传播非常快，高速公路、高速铁路非常发达，全国已经形成了一体化的完整市场。因此，企业要抓住时间窗口，以最快速度占领主流人群市场。

3. 市场鸿沟理论

被誉为"高科技营销之父"的杰弗里·摩尔（Geoffrey Alexander Moore）在 2002 年出版的《跨越鸿沟》（Crossing the Chasm）一书中，提出了著名的市场鸿沟理论，即：新技术、新产品进入市场的过程中，早期客户（包括创新者和早期采用者）和主流消费者之间隔着一道"鸿沟"，很难跨越，如果跨不过去，新技术、新产品就只是昙花一现。

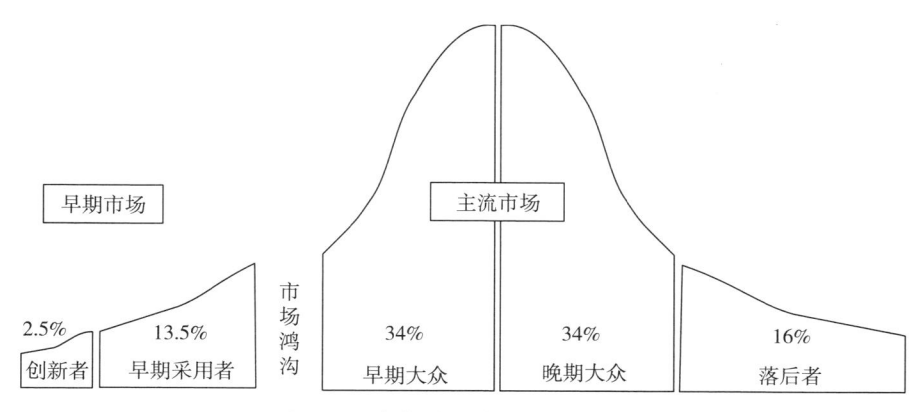

早期市场		主流市场		
2.5% 创新者	13.5% 早期采用者	34% 早期大众	34% 晚期大众	16% 落后者

中间：市场鸿沟

图 3.6　创新扩散过程与市场鸿沟

新技术企业刚起步时，推出的新产品往往由早期客户（发烧友或时尚者）购买，他们就像低处的果实，伸手可得。这些客户对产品的初期成功起到了重要作用。但是，由于早期市场规模小，容易饱和，企业需要尽快开发更大、更好的主流市场。根据市场鸿沟理论，这种开发非常难以实现。

创新者并不能保证企业成功开发大众客户。创新者阅读博客、科技类出版物，而主流客户则关注大众媒体。创新者只想要最新、最棒的产品，不在意主流客户；主流客户也难以理解创新者。早期客户与主流客户需要完全不同的营销方式。对于创新者，营销工作通常由研发部、工程部发起，开发人员、工程技术人员设定宣传基调，他们通常使用技术语言与消费者进行沟通；而对于主流客户，营销宣传要突出新产品对消费者生活的改善，营销工作的手段截然不同。

在很多情况下，早期客户会间接阻碍企业开发主流客户，在早期客户市场上越成功，反而越难以成功跨越到主流客户市场，这是由于企业舍不得放弃眼前果实。新产品进入市场时，面对伸手可得的早期客户，很快取得了初步成功——迅速发展了一些客户，并建立起营销与销售体系。众多的创新企业在天使轮、A 轮融资时，投资者蜂拥而来，估值高企，就是因为企业将早期客户作为目标客户，这部分客户非常容易获得，企业在起步阶段的市场表现可圈可点，从而吸引了广大投资人。正因为将早期客户作为目标客户，没有进攻主流市场，企业很快就陷入停滞状态，掉进了早期市场和主流市场之间的巨大"鸿沟"里，难以继续发展客户，再加上已有客户不断流失，企业不久就在市场上销声匿迹了。

4.跨越市场鸿沟：放弃早期市场，面向主流市场

鉴于市场鸿沟很难跨越，有一种观点认为，新产品上市时，应该直接面向主流消费者，放弃对科技产品非常热衷的早期客户（主要是发烧友和时尚者）。

主流大众消费者的购买量占市场总量的 2/3 以上，企业一开始制定的市场策略、宣传文案，确定的媒体平台、经销渠道和合作伙伴等都可以针对这 2/3 的主流消费者，而不是针对少数早期客户。将主流消费者作为目标客户，虽然这些果实挂得稍微高一点，但是企业最终收获的将会更多。

华为公司创始人任正非说过："我们要成为领导者，一定要加强战略集中度，一定要在主航道、主战场上集中力量打歼灭战，占领高地。""我们必须要聚焦在一个主航道上，是以价值为中心，而不是以技术为中心。作为辅助产品线，一定要突出你的价值贡献是什么。"

直接进攻主流市场，成功跨越"市场鸿沟"，有三个要点。

第一，选准一个市场空白点，打造样板市场。新产品开发主流市场时，要像打仗一样，先在敌人的防线上打开一个突破口，单点突破，也就是树立标杆、打造样板市场。具体做法包括：梳理重点目标客户清单，组织专场推介；全力以赴、做深做透，形成一套简单有效的"傻瓜版"操作套路，以便快速复制推广，例如，零售终端的建设与运作，要拆解每一个营销动作，规范每一个操作环节等。

通过打造样板市场，一方面可以检验、完善产品和营销方案，包括检验产品好不好，客户体验是否极致等，还可以检验营销方案在这个细分市场是

不是正确、可操作、可复制推广；另一方面，可以为企业培养一批经验丰富、训练有素的人才。

第二，快速复制、全面占领市场。样板即榜样，榜样的力量是无穷的。通过标杆示范和口碑效应，复制推广样板市场就比较容易。成功的样板市场可以为合作伙伴树立一个看得见、摸得着的参考标杆。"喊破嗓子不如做个样子"，样板市场为经销商等合作伙伴提供了一个实实在在的成功案例，有助于他们打消顾虑，坚定合作信心。

复制样板市场时，企业要抓住时间窗口，采取饱和攻击，尽快复制推广样板市场的经验，开展大规模的营销宣传和大范围的渠道建设，快速、全面占领主流大众市场。

第三，打造护城河。企业占领主流市场后，要尽快打造差异化的客户感知，建立起抵挡市场竞争的护城河。

4 口碑第四招
利用意见领袖 KOL

> 意见领袖 KOL（名人、明星、网红）
> 能够获取人们的信任，
> 影响人们的消费行为。

◇ **联络员将我们与世界相连**

1. 六度分隔理论

1967 年，美国哈佛大学心理学教授斯坦利·米尔格拉姆（Stanley Milgram）设计了一个连锁信实验，让人们用最少的步骤给某人寄信。实验流程是，找到若干 A 市的居民，让他们每人都给 B 市的一位股票经纪人寄出一封连锁信。要求每个人把自己的姓名和地址写在信封上，然后把信寄给离这位经纪人最近的朋友或熟人。比如，你住在 A 市，你的一位堂兄住在离 B 市更近的地方，你就把信寄给他，即使你堂兄并不认识这位股票经纪人，他也很可能再经过两步、三步或四步就把信送达经纪人手中。当这封信最终到达经纪人手中时，米尔格拉姆查看这封信的经手人名单，以此来研究从某一个地区随机选出的人与来自另外一个地区的另一个人之间联系的紧密程度。

根据实验结果，米尔格拉姆指出：世界上任意两个人之间建立联系，平均只需要经过 5 个中间人。这就是六度分隔理论（Six Degrees of Separation），也称为六度空间理论、小世界理论。

2. 联络员将我们与世界连接起来

米尔格拉姆发现，有些人把信寄给了大学同学，有些人把信寄给了亲戚，有些人把信寄给了老同事，每个人的路径都不一样，但是，当这些散落在不同人手里的信件即将结束旅程时，有一半却传到了少数几个人手里。

研究发现，性病的流行是由少数人驱动的，他们通常富有魅力、擅长社交、精力旺盛、博学以及影响力强，重要的是，他们的性伙伴远远多于常人。1981 年 5 月，美国纽约、旧金山和洛杉矶的医生诊断出第一批 40 位患有艾滋病的美国人，这些患者都是年轻的男性同性恋，住在洛杉矶的 19 位病人和住在纽约、旧金山等地的 21 位病人有性关系。进一步研究发现，加顿·杜加斯（Gaetan Dugas）在艾滋病扩散过程中发挥了关键作用。他是加拿大航空公司的乘务员，英俊潇洒，常年在世界各地频繁旅行，1979 年—1981 年，他与 72 位男性有性关系，而这 72 位男性中有 8 位属于早期的 40 位艾滋病患者。也就是说，他是洛杉矶和纽约艾滋病患者群体的"中心节点"，"负责"跨地区传播艾滋病毒，加速了艾滋病毒在这两个城市的蔓延。

事实上，我们经常误解了六度分隔理论。

六度分隔理论指出，世界上任何两个人之间平均间隔为六度。但是，并不是每个人与其他人之间只有六度，它的实际意义是个别人与其他人仅相隔几度，而大部分人是通过这些人与世界联系起来的。你的社交圈子并不属于你，而是属于"个别人"，你的圈子更像是"个别人"邀请你加入的一家俱乐部。

这些在不同城市搭起桥梁、把我们引入社交圈子的人，就是联络员，他们具有把全世界的人联系在一起的天赋。联络员是人际网络中的中心节点，他们的朋友多，擅长社交，性格外向，爱聊天，爱分享信息。他们能把不同社群、不同圈子、不同领域的人联系起来，把信息快速散布出去。我们周围就有一些联络员，常见的是各种聚会的组织者、商会会长、某个群的群主、某领域的专家达人等。

◇ 通过 KOL 的影响力发展新客户

1. 人们相信意见领袖

作为人际网络的中心节点，联络员就是影响者（Influencer），通常是意见领袖（Key Opinion Leader，KOL）。

所谓意见领袖，就是在特定群体中具有较大影响力和话语权的人，该群体可以大到一个行业、一个地区、一个亚文化圈，也可以小到一个兴趣小组。菲利普·科特勒对意见领袖的定义是：在一个群体中，因特殊技能、知识、人格或其他特质能对群体成员产生影响的人，包括专业人士、政治家、科学家、思想家以及娱乐明星等，他们能使创新（包括新技术、新产品或新思想）为大众所知，使创新风靡起来，推动形成社会流行潮。

数字时代，意见领袖通常是某领域的明星、名人、网红、专家等，他们擅长运用社交媒体，促成讨论和交流。意见领袖通常拥有大量的追随者（粉丝），后者认为他们专业、权威、可信赖，愿意受其影响。

2. KOL 简化消费行为

现在，市场上的商品、信息极度过剩。为了找到合适的商品，人们需要花费大量的时间和精力收集信息、比较选择，而 KOL 对追随者有影响力，能够简化追随者的消费行为。有些名人、明星利用自己的知名度与影响力推荐品牌，影响追随者的消费行为。有些网红将自己定位为某领域的"购物达人"，花时间与精力去搜集信息，比较和评估各种商品，"踩坑捡宝"，挑选出最合适的商品，推荐给追随者。

通过 KOL 的影响力推广品牌和产品，兼具大众传播与人际传播的双重优势，已经成为获取新用户的终南捷径。

要想让新产品迅速被市场接受，企业可以寻找相关领域的 KOL 代言。微博、微信、抖音等平台上的 KOL 通常都拥有专业影响力和众多粉丝。请 KOL 试用新产品，如果他感到满意，在社交平台上发表正面口碑并且将产品推荐给粉丝，营销宣传任务就完成了，不需要打广告，也不需要雇佣销售人员。

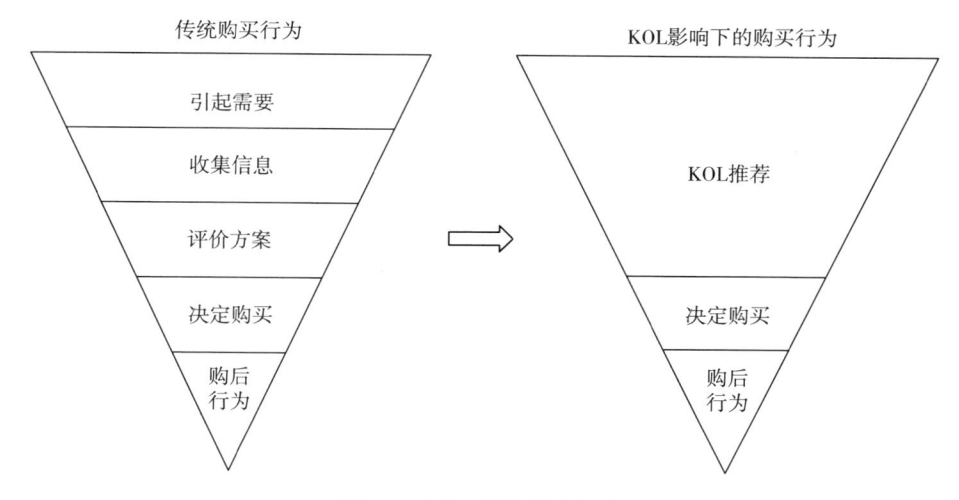

图 3.7　KOL 简化消费行为

3. KOL 的类型与作用

KOL 的类型不同，营销作用也不同。根据影响力的大小，可以将 KOL 分为大、中、小三类。

大型 KOL，也称头部 KOL、跨界型 KOL，即各类"大 V"。他们的影响力较大，数量较少，代言费用较高。他们所生产内容的品质高，粉丝规模大，覆盖面广，适合品牌宣传与推广新产品，能迅速提升品牌曝光度和知名度。

中型 KOL，也称腰部 KOL、垂直型 KOL。小型 KOL，也称尾部 KOL、草根 KOL，包括各类"达人"、小"网红"。中小型 KOL 的影响力较小，数量较多，代言费用较低，良莠不齐，企业难以选择。有些垂直 KOL（如美妆、时尚、母婴类达人）能够生产有深度的专业内容，在各自圈层内具有较强的影响力，能给品牌带来精准的潜在客户，购买转化率及复购率较高。

◇ KOL 营销的实操要点

1. 寻找 KOL

企业要根据所处行业、品牌定位及目标客户的特点，寻找合适的 KOL。

不同领域的 KOL 不同。时尚 KOL 可能熟悉服装、化妆品，但不了解微波炉；家用电器的 KOL 对家庭清洗剂可能有发言权，但未必了解化妆品。一般而言，年轻成功男士更可能成为汽车的 KOL，而年轻漂亮女士更可能成为"时尚"和"影视剧"的 KOL。

对于新品牌、新产品而言，不同 KOL 的作用不同。头部 KOL 流量较大，但难以在短时间内详细讲述品牌内涵与产品特性；中部 KOL 流量有限，但可以投入较多精力传播品牌和产品，深度教育客户；尾部 KOL 的流量小，但能将品牌和产品用个性化、创意化的手段表现出来，触达多样化的受众群体。

今天的 KOL 主要活跃在各类社交媒体上。企业要从行业特点、品牌形象、目标客户，以及 KOL 的粉丝画像、社交内容风格、所在媒体平台的属性等多个维度进行综合评估，筛选出适合自身的 KOL 短名单。

2. 选择 KOL

基于 KOL 短名单，评估选择 KOL。

①衡量价值大小。这需要评估 KOL 在媒体平台上的粉丝数量，以及 KOL 真正触达的粉丝数、粉丝黏性、粉丝购买力，还要考虑 KOL 的内容生产能力。优秀的 KOL 不仅生产优质内容，还能引发粉丝的评论与转发，形成二次曝光。

②衡量营销效果。包括曝光量（如阅读量），产品（品牌）在社交媒体的讨论量，在淘宝的搜索指数，店铺的粉丝量、收藏量等。现在大部分平台都向 KOL 收取"过路费"，例如"大 V"购买"粉丝头条""粉丝通""热搜"等微博付费产品，才有可观流量。但是，这让品牌方难以衡量 KOL 的营销效果，不知道是 KOL 本身对粉丝的影响力，还是微博付费流量带来的效果。

③鉴别数据"水分"。有些 KOL 的数据有"水分"，包括粉丝数，"转评赞"数，互动数，直播间的观看人数、点赞数。2020 年，国家市场监管总局将网上刷单、炒信、夸大不实、数据弄虚作假等定性为违法行为。但是，"道高一尺，魔高一丈"，只要有经济利益，数据"水分"就难以避免。不过，不同数据造假的难度不同。目前看来，粉丝数的"水分"通常较大，粉丝互动数相对真实，包括转发、评论、点赞等，其中，评论的点赞数较难造假。

3. 搭建 KOL 传播矩阵

企业通常需要搭建 KOL 矩阵，组合多个 KOL 开展营销，其中，大型 KOL 主要利用流量和影响力为品牌与产品背书，通过广泛曝光吸引大众，在短期内吸引巨大流量；中小型 KOL 与目标客户深度沟通，分享高质量、接地气的原创内容与真实体验，激发客户购买欲，提高购买转化率。

4. 开展多渠道整合营销传播

开展整合营销传播，就是搭建媒体平台组合。

不同品牌要根据品牌风格和营销目标，选择合适的媒体平台。例如，一线品牌追求销量，诉求全接触，所以需要全平台投放、全面合作；新品牌需要持续不断地塑造形象，所以抖音、B 站这类内容平台的优势明显；客户定位明显的品牌，要寻找定位匹配的平台开展合作。

不同媒体平台的算法逻辑与用户特征不尽相同，企业要根据 KOL 在不同媒体平台上的表现、目标客户的内容偏好和信息获取习惯，选择合适的媒体组合，包括微博、微信、抖音、快手、B 站和小红书等；开展整合营销传播，让不同媒体平台相互协同，例如，在社交媒体上预热，在短视频平台上开展直播。

5. 创作优质内容

KOL 营销的优势不是单纯的广告曝光，而是创作优质内容。KOL 本质上是内容创作者，他们在各自领域创作有价值的内容，比如有关段子、情感鸡汤、漫画、影评、穿搭等方面的图文、短视频以及互动直播内容。尤其是在直播和短视频等内容平台上，KOL 要根据平台的传播特性与客户特点，创作相应风格的内容，实现内容与平台、客户相匹配，例如，抖音内容要快节奏、B 站内容要精致、有趣等。

KOL 通常把营销信息有机地融合在文章、视频或者直播里，润物细无声地影响粉丝，使其在潜移默化中接受品牌。

另外，企业要制订激励措施，鼓励 KOL 将内容展示出来，吸引粉丝转发；

鼓励 KOL 打造话题，与粉丝打成一片。

6. 长期合作

企业要与 KOL 建立长期合作关系，进行文化捆绑，以提升内容创作质量；挖掘有潜力的 KOL，培养其成长。

案例　　九阳面条机：利用微博开展 KOL 营销

2013 年 4 月，九阳推出家用全自动面条机，主妇 3 分钟就能制作出健康、安全的面条，省去和面、揉面、擀面等步骤。

九阳面条机的目标客户是为宝宝辅食发愁的新妈妈。她们容易接受新事物，购物渠道和信息获取渠道是电商和社交媒体。她们是微博的活跃用户，通常关注一些育儿达人的微博。

首先要找到意见领袖。比如 @宝贝吃起来是一个资深育儿专家（头部 KOL），在微博上教人给宝宝制作辅食。九阳通过 @宝贝吃起来的微博，很快就找到了 50 位达人妈妈，这些达人妈妈属于中小 KOL，她们专注母婴领域，是草根意见领袖，粉丝在 30 万左右，有一定的号召力。然后，九阳给这些达人妈妈每人一台面条机试用，并请其在试用后在微博上展示自己的宝宝面条制作食谱。

一收到面条机，这些育儿达人就迫不及待试用新产品，在微博上记录自己的使用体验以及各式创意面条的做法。当天，每人都发了三条微博，每条微博的转发量和评论数量都在 100 以上，还有大量粉丝留言询问在哪里能购买面条机。达人妈妈们还告诉粉丝，这款九阳的面条机处于试用阶段，两天后会在天猫首发，并留下九阳面条机在天猫上的首发链接。

紧接着，九阳官微推出了"晒食谱赢面条机"活动，只要你做一个符合九阳标准的创意食谱，在微博上进行分享，转发量前 20 名的微博博主将会免费获得面条机。这将此次营销活动推向高潮，达人们在微博上花了很多心思，不断让粉丝帮忙转发。

通过这次活动，微博和百度上形成了"面条机"的话题，"能做彩虹面条的面条机"一时成为微博热议的小家电产品。根据九阳披露的数据，三天活动期间，新浪微博共为九阳面条机天猫店引流用户 25835，在 8920 个成交订单中，有 4241 个直接来自新浪微博，直接访问转化率达 18.24%。

案例　维京游轮的"非常 11 欧洲之旅"活动

维京游轮（Viking Cruises）是欧洲游轮旅游的领导品牌，面向对艺术、文化和历史感兴趣的游客提供"雅奢的智慧之旅"——让游客在岸上探索的时间最大化，而不是使游客长时间待在船上。游客既能深度探索目的地的历史人文，又能优雅地享受全程，免去一般旅游的舟车劳顿。

2016 年，维京游轮推出专为中国游客定制的欧洲内河游轮产品。产品卖点是"真正一价全包的一站式服务"，即一张价格透明的船票包括住宿、机场接送、餐厅用餐、陆地交通、景点门票及导游等费用，再无任何强制性额外消费。这样站在消费者角度进行场景化阐释，使产品卖点具有说服力。

2019 年 11 月，维京游轮借中国全国性的购物热潮推出了"非常 11 欧洲之旅"活动，邀请经济学家薛兆丰等头部 KOL 在微博及微信平台上分享其维京欧洲内河之旅的心得感受。同时，在微博、微信、短视频网站上投放相关宣传片，发起"非常 11 大聚惠"促销活动。

头部 KOL 带话题、导流量之后，垂直类 KOL 立即跟进，精准阐释品牌理念。@快乐的李小航、@蔡志勇、@紫色透明、@超级小包总、@君之等 10 位旅游及美食达人在社交媒体上分享旅行心得体验。他们不仅在微博话题页上刷屏，而且发挥示范效应，带动其他垂直及长尾 KOL 自发参与话题，触达更广泛人群。活动话题页显示，和"非常 11 欧洲之旅"相关的内容达到了 1.2 亿的阅读量和 2.4 万的讨论量。

通过这一系列活动，维京游轮在中国的品牌知名度和美誉度得到大幅提升。

◇ 网红与明星直播的实操要点

1. KOL 直播营销方兴未艾

当前，最流行的 KOL 是网红与明星，他们具有较强的市场影响力。

网红，即网络红人，也称"大 V"，指网络平台上粉丝（关注者）数量较多的人（账号、博主），包括微信公众号、电商主播、短视频（抖音、快手等）账号、B 站 UP 主等。

网红的成长离不开网红经纪机构。2009 年，美国首先出现网红经纪机构（Multi-Channel Network，简称 MCN），最初是将 YouTube 上的内容创作者联合起来建立频道，实现相互引流，扩大频道影响，解决市场推广与收入变现的问题。近年来，国内网红经纪市场蓬勃发展，MCN 向网红提供孵化、培训以及运营等全流程服务，包括编导、摄像、剪辑、形象包装、粉丝运营、市场推广以及获得收入等。

近年来，电视节目的观众日渐减少，电视广告式微，娱乐明星的广告收入连年下滑。为了持续吸引粉丝并实现商业价值，娱乐明星纷纷转型成为网红，甚至成为网络平台的正式员工。

2. KOL 直播营销的逻辑：粉丝认同并接受推荐

企业应该如何选择直播模式？是与网红合作，还是请明星代言，或者是建立自播体系？要选择合适的直播模式，首先要明白 KOL 直播营销的内在逻辑。

帮粉丝买东西 → 收获粉丝信任／激发冲动消费 → 粉丝认同并追随 → 粉丝接受 KOL 推荐

图 3.8　KOL 直播营销的内在逻辑

（1）本质

帮粉丝买东西。我们知道，KOL 缩短了粉丝的消费行为过程——KOL 主播（网红、明星、名人）严格挑选商品，发挥自己的影响力，直接向粉丝推荐，粉丝不用寻找商品，而是在 KOL 的推荐下直接与品牌连接，既简化了购买过程，又由于跨越中间商环节而节省了成本。

（2）收获粉丝信任

第一，粉丝愿意相信。"Z 世代"年轻人追求个性、自由与乐趣，愿意被网红所影响。2019 年，凯度（KanTar）公司对中国年轻人的市场调查发现，76.6% 的"95 后""00 后"对网红推荐的商品信任、感兴趣，其中 18.8% 的人在足够信赖的博主推荐后，会选择直接购买。头部网红作为行业权威自媒体，具有强大的传播背书效应，淘宝上许多商家就宣传自己是"薇娅推荐""李佳琦推荐"等。第二，吸引粉丝关注。许多网红以社交平台为媒介，生产并展示优质内容，与粉丝互动，打造鲜活而独特的个人品牌形象，吸引粉丝关注。第三，为粉丝谋利益，包括"全网最低价"、赠品等。KOL 定位为帮助粉丝挑选到高性价比的商品，保证售后服务质量，让粉丝便捷消费，无后顾之忧。通过直播，粉丝更加信任 KOL，看 KOL 直播的粉丝增多，找其销售的品牌商就越多，KOL 的议价能力就越强，能争取到更大的价格折扣，从而吸引更多粉丝，这样就形成了良性循环。第四，专业性与现场体验感。如果主播是所售商品领域的专家，粉丝往往会相信他的推荐。比如李佳琦对口红有深入研究，是口红领域的专家型销售顾问，他推荐的口红容易获得粉丝信任。另外，如果演示效果好，给粉丝现场体验感，粉丝就容易信任。李佳琦不仅懂口红，而且在自己嘴唇上涂口红，让消费者看到真实的涂抹效果，粉丝就容易下单。

（3）激发粉丝冲动性消费

优秀的网红主播不仅能够讲解产品卖点，烘托气氛，还擅长开展限时限量限价的饥饿营销。主播一般会限制每款产品的数量，先上少部分货让大家抢："这个价格今晚直播间只有 1000 份，抢完就没了……来，倒计时 5、4、3、2、1，上链接。"商品被抢光了，主播会问运营助理："还能加货吗？"以营造一种销售火爆、很受欢迎的氛围。低价格与抢爆款氛围会激发粉丝冲动性购买，这导致后期的退货率居高不下。有数据显示，服装销售方面，传统门店的退货率通常低于 3%，而直播电商的退货率为 30%，女装直播的退货率甚至超过 50%。由此可见，能够诱发冲动消费的产品适合由 KOL 直播销售，包括决策风险低、满足感性需求的潮流类、创新类产品。决策风险低的产品，一是低价产品，二是低介入度产品，即消费决策不需要投入大量时间和精力，如日用品、饮料零食、水果生鲜等。满足感性需求的典型产品是化妆品、服装服饰等。

（4）吸引粉丝认同并跟随

粉丝长期关注KOL，内心认同与倾慕KOL，容易与KOL产生价值与情感上的共鸣。KOL将自己的个性形象赋予所代言的品牌，向粉丝推荐带有自我个性与品位标签的商品。这种情况下，粉丝对KOL产生爱屋及乌心理，会认可其选品能力，从而产生消费追随性。可见，KOL直播场景下，产品品牌的影响力相对下降。

3. 企业开展KOL直播营销的要点

（1）掌握特点，正确定位

KOL直播通常宣传"全网最低价"，吸引观众冲动消费，短期内实现巨大销量。

企业开展KOL直播的好处：

①品牌宣传，即提升品牌知名度，或者新产品上市宣传。头部KOL的直播间在线粉丝动辄几十万上百万，带给品牌和新产品的曝光效果甚至优于广告。很多品牌商家就是"赔钱赚吆喝"，并不指望KOL带来多少销量，而是让其为品牌代言，利用其影响力打造品牌知名度，吸引流量——提升品牌的百度与微信指数以及天猫、京东等旗舰店的粉丝数量。

②吸引种子客户。新产品上市的一个关键任务是寻找第一批种子客户，这个过程往往需要投入较多广告和促销费用。KOL的热情推荐和现场演示，加上直播时的巨大价格优惠，容易吸引消费者购买和尝试，这里面有很多是种子客户。

③导购卖货。销量大小通常代表了产品在市场上的受欢迎程度，很多消费者偏爱销量领先的产品，所以商家经常会"刷量冲榜"，常见举措包括"双11""618"优惠、补贴以及KOL直播等。企业有时会面临完成销量的压力，如季度销售指标没有完成，就可以利用KOL直播来完成任务。

④盘活资金，清理库存和尾货。

在这几种场景下，企业可以把广告宣传与促销费用转变为"全网最低价"让利给消费者，转变为给KOL的"坑位费"和佣金；而KOL要给粉丝发福利。这种情况下，通过KOL进行直播销售就成了各方的一致选择。

企业开展KOL直播的弊端：

①KOL直播过度强调低价，会伤害品牌形象。

②费用不菲。近年来，随着众多企业花重金聘请KOL带流量，导致KOL的价格不断上涨，企业营销费用水涨船高。

③直播间的粉丝往往忠诚于KOL，而不是品牌。KOL的流量不是企业的私域流量。如果企业过于依赖KOL的流量转化，不仅会导致边际收益持续下降，还要面临"为他人作嫁衣"的窘境。

④KOL直播会扰乱现有的产品价格体系。如果企业品牌的知名度较大，销售体系完整，就要谨慎开展KOL直播，应该重点开展商家自播，并打造直播营销新体系，参见"忠诚第四招"的相关内容。

KOL直播能带来销量，企业却难以获得正常利润，因而不是常规的销售手段。因此，企业首先要正确定位KOL直播营销。

（2）选择合适的KOL

了解网红与明星直播的区别。网红直播主要用于提高销量，明星直播主要用于广告宣传。网红直播的主要作用是推销，比如李佳琦、薇娅就是推销天才，做的是专业推销工作。明星直播的主要作用是为品牌代言，明星能提供丰富的宣传推广资源，提升品牌形象，例如，明星能授权品牌使用形象海报、明星介绍视频，提供个人微博、抖音等平台上的流量资源等。

品牌商家选择KOL主播时，要注意商品与KOL的个人形象、粉丝画像相契合。例如，刘涛是有生活感的明星，通过《花儿与少年》和《亲爱的客栈》等一系列电视综艺节目，塑造了"贤妻"形象。她在淘宝的首场直播，商品是家居日化品类，观看人数达2100万，交易金额达1.48亿元。

（3）评估KOL直播的价值

品牌商家评估KOL时，除了看粉丝数、阅读量、"转评赞"数量，要重视实际销量,还要注意鉴别数据"水分"。

有些电商会进行刷单,常见做法是:客户向店铺付款,店铺发给客户一个空包裹,客户收货后申请退款。因此,判断刷单情况的关键指标是退货率。有的电商直播时销量很大,直播后就遭遇大规模退货,有时退货率达到70%~80%,这通常是刷单的缘故。

有时候,实际销量也有"水分"。例如,品牌商家要求销量达到10万元,返佣3万元,真实销量2万元,其余8万元由MCN掏钱刷单。然后,申请退货退款(比如3万),二手转卖(比如5万的货卖3万)。MCN的真实收入是3(返佣)+3(退货退款)+3(二手转卖)−8(MCN刷单)=1万元。最关键的是,MCN成功主导了一个知名品牌10万元销售额大单,网红身价得到提高。

5 口碑第五招
利用人际影响力

朋友之间的社交互动会影响人们的消费行为，
利用同伴影响力可以产生社交裂变。

◇ **人际网络三要素：中心节点、强联系和弱联系**

社会人际网络包括三个要素：中心节点、强联系和弱联系。人际网络的中心节点也称为枢纽，就是人群中有影响力的人，即联络员，主要是意见领袖KOL。信息通过中心节点能在人群中快速扩散开来，因而意见领袖在信息传播过程中具有重要作用，如"口碑第四招"所述。

马克思说："人是各种社会关系的总和。"英国埃塞克斯大学（University of Essex）教授利兹·斯宾塞（Liz Spencer）和雷·帕尔（Ray Pahl）研究发现，人类社会共有八种人际关系：

- 知己（soulmates）：关系最亲近。
- 密友（confidants）：无话不谈，喜欢相处，有时能提供实际帮助。
- 好友（comforters）：交情很深的益友。
- 益友（helpmates）：既是玩伴，又是帮忙的朋友，有交情。
- 帮忙的朋友（favor friends）：能提供非情感帮助。
- 玩伴（fun friends）：娱乐伙伴，交情不深。

- 有用的联系人（useful contacts）：能提供工作或事业方面的信息和建议。
- 认识的人（associates）：彼此不太了解，仅一起参加过某项活动。

这些人际关系可以分为强联系（也称强连接）和弱联系（也称弱连接）。与我们有强联系的是关系紧密的家人或朋友，包括知己、密友和好友，通常有十几个人，是我们主要的来往对象，我们向他们征求意见，寻求情感支持，遇到困难时向他们寻求帮助。与我们有弱联系的是关系不紧密的朋友，包括益友、帮忙的朋友、玩伴、有用的联系人和认识的人。我们的弱联系远多于强联系，但总数也有限。英国牛津大学人类学家罗宾·邓巴（Robin Dunbar）发现，与一个人拥有稳定社交关系的人数是150人，这被称为"邓巴数字"，也被称为"圈子定律"或"150定律"。

◇ 人际网络传播信息的过程很复杂

1. 信息传播过程的复杂性

很多人其实误解了米尔格拉姆的六度分隔理论，误认为理论说明了信息可以轻易地通过联络员传达给数百万人。

事实上，人们很难找到影响力大的中心节点（联络员、KOL）。任何2个人之间平均相隔5个人，但这5个中间人并不简单代表5个不同的人，而是5个人际圈子。你很难找到两个人之间联系的最短路径，假设你我之间仅隔两度，要找到你我都认识的那个人绝非易事。你初识某人时，很难判断你们是否拥有共同认识的人，而要判断你是否有朋友认识这个人，更是难上加难。

美国哥伦比亚大学社会学教授、微软研究院首席科学家邓肯·瓦茨（Duncan J. Watts）用数字方式复制了米尔格拉姆的著名实验。他的研究对象更广泛，包括来自166个国家的6万人。瓦茨发现，在信息传播过程中不存在有影响力的人。人们不会把信息传递给交际广泛的人，而是传递给与该信息契合或是会将信息继续传播下去的人。

某些情况下，有些人确实更有影响力，但这些人的数量很少，很难找到。依靠有影响力的人进行信息传播风险较大，不如使用其他营销手段的效率高。

人际网络中的信息传播过程非常复杂，难以观测。人们往往只能看到被传播的那部分信息，看不到没有被传播的那部分。这种复杂性导致人们经常把巧合与相关关系混同为因果关系。回顾一件已经发生了的事情，人们只会看到最明显的参与者，认为他们对事情的影响最大。人们总是容易把事情的顺利完成归功于那些有影响力的人，却没有认真去了解事情所处的复杂的人际网络和社会环境。

2. 接受门槛影响信息传播

接受门槛是指人们是否容易受到影响，是否属于"易感人群"。当人群的接受门槛较低时，思想容易被传播，新产品容易被接受。我们常把某一信息的传播归功于有影响力的意见领袖，但实际上该信息的成功传播可能是由于很多人对它的接受门槛较低而已。

有些人是"易感人群"，对新信息、新思想的接受门槛较低，容易被影响。不同的人对新信息的接受门槛不同，同一个人对不同信息的接受门槛也不同，比如某人在 A 话题上容易受到影响，但在 B 话题上却很难被影响。

影响接受门槛高低的因素很多，包括个人习惯、性格（如风险厌恶程度的高低）、过去经历（如关于某品牌愉快或不愉快的经历）以及周围的人，如同学、同事、朋友、家人或邻居接受了某个新事物，我们对该事物的接受门槛就会降低。

3. 社交圈结构影响信息传播

信息广泛传播需要相互联系、易被影响的人群。邓肯·瓦茨研究发现，一条信息、一种思想得以传播的关键并不是存在有影响力的人，而是存在相互影响且易被影响的不同人群。如果没有这样的人群，那么即便是最具影响力的人，也无法使信息广泛传播。这就是说，了解信息传播所需要的社交圈结构比寻找具有较大影响力的人更为重要。

邓肯·瓦茨和同事通过计算机模拟研究发现，"如果想让一些观点为周围的人所信服，我们需要的不仅仅是几个有影响力的精英，我们更需要一群超过临界数量的易受影响的人。"所谓临界数量，是指一种生物存活下去所需要的最低种群数量。当人群达到一定规模时，人们的心理与行为就会相互影响、相互强化，人群对新事物就更加敏感，变成"易感人群"。

4. 文化趋势影响信息传播

文化变革是客观趋势，它对信息传播具有重要影响。邓肯·瓦茨说："如果社会准备好要迎接一种趋势，那么，几乎任何人都可以启动它。可要是社会没有准备好，谁也奈何不了它。"趋势的启动和文化的变革比我们想象的更加随意和迅速。文化总要发生变化，尤其是流行文化，只等着或大或小的随机事件将其触发。文化变革是偶发事件和个人影响力结合起来的产物。有些意见领袖在初期察觉到这一趋势，就及时引领趋势，将其扩散到整个社会当中。

"风起于青萍之末，浪成于微澜之间"，营销人员要成为敏锐的观察者，跳出自己的文化视角，寻找那些看起来似乎荒谬的、不协调的、貌似不合理的事物，要仔细审视影响客户行为的文化趋势，见微知著，重视寻找现存趋势下面潜伏着的事物，顺势而为，从而引领发展趋势，引爆市场流行。

◇ 弱联系与强联系在人际传播中具有不同作用

1. 弱联系传播信息

（1）弱联系优势理论：弱联系传播信息

美国斯坦福大学社会学教授马克·格兰诺维特（Mark Granovetter）提出了弱联系优势理论，即弱联系在传播信息方面具有优势。1974年，格兰诺维特访问了波士顿郊区几百名工人和技术人员，详细了解他们的就业经历。他发现56%的受访者是通过人际关系找到工作的，18.8%的人是通过招聘广告、猎头公司等渠道找到工作，20%的人是自己直接去申请职位找到工作。格兰诺维特发现，通过人际关系找到工作的人中，大多数人利用的人际关系都是"弱联系"：16.7%的人与帮助者"经常"来往，55.6%的人只是"偶尔"见到帮助者，还有27.7%的人"很少"见到帮助者。也就是说，大多数人都是通过弱联系而不是强联系找到了工作。

为什么会这样呢？格兰诺维特研究发现，强联系的核心功能是社交，弱联系的核心功能是传播。强联系连接关系紧密的亲朋好友，他们交流频繁，所接触和了解的信息趋同，不易引入新鲜信息。弱联系连接多个圈子，是消息来源。就像微信朋友圈与微博，前者信息流动慢，但是都是你周围人亲身经历的，容易引发互动；后者信息传播快，可能几天的时间，一个热门话题就被另一个新话题所淹没。

弱联系连接的通常是关系一般的普通朋友、熟人，他们的社会背景丰富，处在不同的社交圈子，是更好的消息来源。如果你只跟亲朋好友交往，或者认识的人都是与自己背景相似的人，接收到的信息就会比较少。异质沟通很少发生，却具有信息提供优势——社会地位悬殊，地理距离遥远，具有异质性的个体之间较少沟通，却能有效传递信息。

（2）利用弱联系，获取或传播信息

弱联系优势的本质不是"人脉"，而是信息传递。人脉的关键不在于你融入了哪个圈子，而在于你能接触到多少圈外的人，最关键的人脉是一般的熟人和朋友。

当我们考虑找人合作或寻找信息的时候，弱联系才是最佳选择。如果你希望获得更多信息，就应该突破亲朋好友所组成的强联系的小圈子，去众多的普通熟人朋友所组成的弱联系中寻找信息，即寻找那些相对于自己而言，社会背景不同、空间距离遥远、异质性的人。

另有研究发现，个体的社交网络的多样性越强，经济地位就越高，富人更容易跟不同阶层与不同地区的人联络，这也印证了"贫居闹市无人问，富在深山有远亲"这句古话。

2. 强联系影响行为

（1）三度影响力理论

美国耶鲁大学社会学教授尼古拉斯·克里斯塔基斯（Nicholas A. Christakis）和加州大学圣地亚哥分校社会学教授詹姆斯·福勒（James Fowler），通过社会科学实验和大量数据研究,分析了一个 12067 人社群的成员之间的相互关系,并绘制了这些人之间 5 万种不同的关系。他们的数据验证了现实社会中人与人是"六度连接"的,同时发现人与人是"三度影响"(Three Degrees of Influence)的,即我们所说所做可能影响我们的朋友(一度)、朋友的朋友(两度)、朋友的朋友的朋友(三度),个人影响很难传达到四度以上的级别。他们发现,人们往往不认识自己的朋友的朋友的朋友,却会在决策和行为上受到这些人的影响:你朋友的朋友的朋友做了什么事情,会影响到你朋友的朋友,进而影响到你的朋友,最后影响到你。这样的规律体现在很多行为上,除了本身具备传染性的病毒,人的语言、心态、爱好以及行为方式等具有同样的传播模式,长胖或减肥、幸福或悲伤、吸烟或戒烟,乃至心脏病都有可能由朋友的朋友的朋友传染给你。

(2)强联系的影响力大

我们大多数的社交活动都是与和自己有强联系的人进行的。有研究发现,大多数人 80% 的电话都是打给固定的 4 个人;两个人之间见面、打电话越频繁,网上交流也越多。

强联系构筑了社交壁垒,你的好友就是你的世界。有些人明明走上了错误的道路,却坚信自己的选择,或许是因为他的整个强联系都是错的。当陷入错误的社交圈子时,社交壁垒会将人扯入泥潭。例如,传销就是用强隔离形成一个全新的社交关系链,用高密度、高强度的信息占领人的心智。我们要不断审视、评估自己的社交圈子,添加富有正能量的好友,也许就进入一个新世界;远离不良社群,删除带有负能量的好友,也许就是一片海阔天空。

◇ 利用同伴影响力,发展新客户

1. 同伴影响力理论

(1)同伴影响理论

邓肯·瓦茨研究发现,消息通过普通人传播和通过意见领袖传播,其实同样容易。同一个消息,我们从朋友那里听到和从意见领袖那里听到的概率一样大。瓦茨指出，影响力本身并不必然制造流行趋势，在引领潮流方面，大明星和普通人并无区别。

据此，瓦茨提出了同伴影响理论，认为日常生活中的同伴的影响力更大、更有效，日常生活中的紧密联系使得同伴能够在线上及线下影响周围人的心理倾向与行为方式。

熟人之间具有一定的情感联结和信任度，这种信任堪比一次质量认证，能在一定程度上减少人们主动寻找、筛选商品所需的时间和精力成本；大家还可以借此话题展开交流，在你来我往中巩固关系。

以你自己的爱好为例，想想那些让你花费很多时间和金钱沉迷其中的事。你的爱好是凭空出现的吗？还是某个同伴用他充满感染力的热情影响了你？你自己是否也影响过别人，让他们也被你所爱好的事吸引？事实上，大多数人开始玩某款游戏，或者追某个偶像剧，就是由于有周围朋友的推荐与示范。

社交圈层化时代，人们愿意受同伴影响。2019 年，凯度公司（Kantar）与 QQ 广告联合市场调查发现，"Z 世代"按照爱好形成不同的圈子，爱好不一样，圈子就不一样。例如，有人喜欢汽车，有人喜欢高科技新产品，有人喜欢名牌鞋子，拥有同样品牌就有了心理共鸣与归属感，这就是各人的圈子。通过消费圈内品牌，可以拥有踏入新圈子的"准入证"，突破社交壁垒。腾讯于 2019 年 9 月发布《Z 世代消费力洞察》，报告显示，"Z 世代"更喜欢熟人推荐，信赖社群圈子；"Z 世代"了解商品品牌的途径中，"朋友推荐"位居第一位。

（2）同伴压力理论

同伴压力，又称同侪压力。同侪，指与自己年龄、地位、所处环境相似的朋友。同伴压力指同伴的影响力、同伴带来的心理压力。

人际关系对我们影响很大。周围其他人的行为会影响个体的行为，这是从众行为产生的根源。我们周围人的观点与行为，会造成强大的同伴压力，比普通的从众压力更大。我们通常担心被同伴排挤而放弃自我，做出顺应同伴的选择，比如青少年就很重视自己是否合群。

同伴压力是消费者最重要的购买动机之一。例如，朋友买了一款新手机、新耳机或者漂亮包包，你自己也想拥有一个；朋友开始健身减肥或者环游世界，你也会被他们的行为所影响，把健身或者环游世界作为自己近期的计划。

案例　　青少年戒烟运动：利用"活跃分子"影响周围学生

二十世纪末，美国的青少年吸烟人数居高不下，说服青少年戒烟成为一项急迫的任务。1998年至2007年，佛罗里达州有关机构通过营造同伴间相互影响的氛围来解决问题。工作人员首先寻找外向、热心、有个性的青少年，以及运动员、学生团体的组织者，这些人要么不抽烟，要么正想戒烟。他们是学生中的"活跃分子"，对周围学生具有影响力。工作人员并不向他们灌输戒烟知识，而是请他们参与到戒烟活动中来，包括参加讨论会与各种宣传活动。

共有600多名学生参加了青少年戒烟工作的相关讨论会，他们向官员反映过去戒烟工作所存在的问题，例如，"吸烟有害健康"的警告，以及把吸烟视为叛逆恶行的宣传，都不足以让青少年有所触动。在讨论会上，这些学生还头脑风暴出新的解决方案。有内部文件显示，烟草公司正在瞄准青少年消费群体，希望他们能替补那些死于肺癌的老烟民们，以确保公司收入持续增长。对此，这些年轻人非常愤怒，他们成立了学生反烟草团体，组织同伴开展各种各样的反烟草宣传活动，包括火车旅行、研讨会、售卖宣传T恤衫、在居民社区开展宣传活动等。最后，通过这些年轻人的努力，面对大烟草公司的猛烈反击，佛罗里达州的青少年吸烟人数下降了大约一半。这是美国青少年戒烟工作取得的历史最佳成绩。

2. 利用同伴影响力，吸引新客户

在购买产品和服务时，我们会征求或者听取周围同伴（同学、同事、朋友、家人或邻居等）的意见和建议，参照他们的购买经历进行决策。有数据表明，人们选择相信自己好友或熟人的概率，比相信网络"大V"或专家的概率要高出3~4倍。因此，要想影响某个人的购买决策，最好的方式不是直接冲上去向他推销，而是先影响他身边的人，这样才能对他产生强烈影响。

企业可以利用同伴影响力提升消费者的购买欲望。例如，宝马公司发布新款迷你库珀车（Mini Cooper）时，没有把目标锁定为潜在汽车消费群体或符合目标客户条件的人群，而是瞄准已经拥有迷你库珀车的人群，因为这些人的意见最能影响他周围的朋友。

案例　　电动小仓鼠：激发同侪压力

2009年圣诞节，一只电动小仓鼠在美国特别畅销，售价10美元，远超过同类玩具的价格，亚马逊、eBay上甚至炒到了30~50美元。这是怎么回事呢？原来，当时美国小朋友最想要的礼物就是这只电动仓鼠。当小朋友看到其他小朋友都买了这样的小仓鼠之后，自己也特别想要，于是电动仓鼠销量一路飙升。

商家是怎样激发小朋友的同侪心理，迫使家长去抢购电动小仓鼠的呢？

商家在小朋友比较多的地方如儿童医院、动物园或者棒球联赛赛场，摆放了许多电动仓鼠作为赠品；赞助了三百多场"仓鼠聚会"，邀请网红妈妈们参加，大家都说这只电动仓鼠好；买断了一档电视节目，邀请妈妈和孩子来讲述自己跟电动仓鼠的故事……

总之，商家构建了一种现象：如果你不把电动仓鼠买回家，你就OUT了。接下来，商家玩起了饥饿营销，刻意减少供货，在市场上制造一种供不应求的假象。这给小朋友及其家长造成了很大的同侪压力，于是他们就迫不及待地抢购这只让人烦躁的"小仓鼠"。

案例　　同程艺龙：招募"校园飞行大使"

2019年11月，为了更好地与在校大学生所代表的新生代消费群体沟通交流，同程艺龙机票事业部在全国100所高校招募"校园飞行大使"，每所学校招募一名，寻找认同品牌理念的优秀大学生，建立校园社群，帮助品牌与大学生群体沟通交流，以建立品牌认知，让更多年轻人认识、喜欢同程艺龙的产品，并提升学生出行服务推广的效率和精准度。

校园飞行大使的职责如下：

· 开展校园活动。定期开展落地校园活动，对本校学生用户开展互动营销。

· 品牌宣传推广。通过各种渠道和创新方式推广同程艺龙品牌，获取新客户。

· 产品推介。推介同程艺龙平台的常规机票和特价学生机票。

· 校园社群营销。运营同程艺龙在本校的学生社群，提升品牌影响力与市场占有率。

校园飞行大使的福利包括全年免费机票（全年12套往返机票或每月1000元单程机票券）、免费体验模拟机舱驾驶飞机、同程艺龙周边礼品、校园大使荣誉证书以及在同程艺龙实习就业的机会等。

追踪同伴口碑的来历，是打造口碑的有效方法。企业要及时总结同伴口碑形成的原因。例如，对新客户进行抽样调查，收集向其推荐品牌的老客户的姓名，然后通过走访或打电话的方式了解这些人忠诚于品牌的深层次原因。运用这种方式，总结产品是如何打动客户的，从而进一步完善产品，并提升社交裂变的效率。

6 口碑第六招
利用消费领袖 KOC（品牌粉丝）

品牌粉丝，即消费领袖 KOC，
他们能影响他人的消费行为。
吸引客户参加企业活动能将其转变成粉丝。

◇ 粉丝是企业的战略性资产

1. 品牌粉丝是忠诚的高价值客户

粉丝，是英语"fans"的谐音，原来指崇拜偶像的人或群体，也被称作追星族，现在泛指品牌或个体（如 KOL）的支持者、追随者。

品牌粉丝对品牌忠诚甚至痴迷，投入较多的金钱与情感，又称"超级客户"。他们的数量不多，大约占客户总数的 10%，但其消费水平较高，支撑了大约 30%～50% 的销售额。可口可乐的一位高管曾指出，40% 以上的可口可乐是由那些一天至少喝 7 瓶可乐的人喝掉的。

品牌粉丝是企业利润的主要源泉。他们的消费频次高，消费金额大，对价格不敏感，能接受高价的高端产品，较少购买特价或者促销产品，ARPU 值高，因而能给企业贡献较多利润。

品牌粉丝帮助企业创造价值。他们是使用产品的内行、产品创新的源泉，能够为产品开发提供新想法和新视角。很多粉丝免费为品牌做宣传，将品牌推荐给他人。

因此,品牌粉丝是企业的战略性资产,企业应该大力培育,使其数量尽可能多。为了培育粉丝,首先要从海量客户中将粉丝挑选出来。有些企业在新产品上市之前就锁定了部分粉丝,例如,众筹型的产品就是为粉丝定制的。

案例　　挑选真粉丝

快餐品牌汉堡王曾经测试粉丝的忠诚度,甄别出了大量的伪粉丝。2014年1月,汉堡王在脸书上推出"求掉粉"活动,活动页面上有两个选择:"我是真粉"和"我是僵尸粉"。选择后者将可以得到一个免费汉堡,同时还会收到汉堡王的绝交信以及拉黑通知。结果,38000名粉丝中的大部分为了得到这个免费汉堡而选择了后者,最终只剩下8481名给免费汉堡也不走的铁杆粉丝。客户规模缩小80%以后,客户活跃度反而提高了5倍,这些忠诚粉丝给汉堡王出主意、提意见、做口碑传播,有些粉丝还买了汉堡王的股票,这让汉堡王的声势更大了。

美国职业棒球联盟(MLB)的克里夫兰印第安人队召集最狂热的球队粉丝,建立了"印第安人社交俱乐部"。球队鼓励粉丝在各个社交平台上对球队进行全方位讨论。为了鼓励球迷参与,俱乐部不但提供免费的球票和海报,还邀请活跃的球迷观看现场比赛并分享观赛感想。

2. 口碑实验:普通粉丝的人际影响力最大

2003年,美国哈佛大学商学院的戴维·戈德斯(David Godes)和耶鲁大学管理学院的迪娜·梅林(Dina Mayzlin)开展了一项研究,测试各类客户谈论和推荐品牌的情况。

戴维·戈德斯和迪娜·梅林在美国几家餐馆开展实验。餐馆通过电子邮件向会员（忠诚客户）介绍该活动，邀请会员参加，并提供用餐折扣等奖励。戈德斯和梅林根据"会员忠诚度"与"平均每月到餐馆用餐次数"这两组数据来研究会员的口碑活动。大约有 400 名会员参加了活动，根据这些会员的历史表现可将其分为三类：重度忠诚者、中度忠诚者和轻度忠诚者。研究人员重点观察参与者的口碑传播状况——在每次活动中与多少人谈论该餐馆。他们收集了餐馆活动开始前的 6 个月的销售数据，以及在没有口碑的情况下通过客户忠诚计划创造的销售数据。然后，他们将这些数据与活动后餐馆的实际销售数据进行比较，检查口碑活动的效果。通过三个月的口碑活动，现有会员变得更积极，愿意与其他人分享他们的积极态度，并且拉来更多新会员，餐馆营业额平均增长了 120 万美元，会员用餐次数平均增长了 37%，每次消费额平均增加了 12%，申请会员卡的人数增加了 55%。

戈德斯和梅林研究发现：不同忠诚度的客户，口碑传播情况不同。

①重度忠诚者无口碑。重度忠诚者通常是老会员，他们对品牌忠诚，乐意享受优惠活动，但不愿意谈论、推荐品牌。他们在刚开始喜欢某品牌的时候，就已经告诉了亲朋好友，大家都知道他们是某品牌的重度忠诚者，没什么好说的了。他们非常喜欢该品牌，经常来消费，他们觉得该品牌属于自己，不想告诉别人。在一个高级社交圈，想成为"圈内人士"，就必须有"圈外人士"相衬托。你越是"圈内"，就越愿意紧闭大门，而不是敞开大门邀请别人加入。针对"圈外人士"的营销活动，会带来更多的"圈外人士"，他们当然不愿意参加。因此，重度忠诚者也许购买更多，更频繁，也许参加优惠活动，但他们很少谈论品牌，很少向他人推荐。

②餐饮专家的口碑很少。餐饮专家是餐饮领域的意见领袖，他们通过发现新餐馆，率先定义流行趋势，走在大众前面，获得影响力和权威。很多餐饮专家参加了该活动，但并未发表评论，因为他们以前已经在餐饮类媒体上发表了意见。如果征询他们对该餐馆的意见，他们肯定会大加赞赏。但是，如果他们再次主动谈论该餐馆，就会影响自己的专家形象。美食家也许会参与活动，但是，他们不会持续推荐一个品牌。

③中度忠诚者积极推荐品牌。他们了解产品，与人谈论得最多。他们乐

意成为第一个知道的人，向其他人展示产品对他们很重要。他们喜欢用专家的姿态、用令人信服的方式，真诚地与他人谈论产品。但是，中度忠诚者的人数较少，他们的口碑影响力有限。

④轻度忠诚者的影响力最大。轻度忠诚者就是普通粉丝，他们的数量多，对产品很满意，对品牌有正面印象。他们乐于分享自己的观点，在线上与线下制造了大量对话，能够有效影响周围的人群，带动品牌销售，他们是口碑活动中最有影响力的人。他们希望被品牌所认可、倾听，他们希望帮助品牌，乐于成为品牌大使，传播品牌的良好形象。

◇ 利用消费领袖 KOC，发展新客户

1. 品牌粉丝是消费领袖 KOC

正如上节的口碑实验所发现的，普通粉丝的人数多，影响力最大。他们乐于分享自己的观点，有些粉丝热衷于影响他人的消费行为，还拥有自己的追随者（粉丝的粉丝），因此被称为消费领袖、关键意见客户（Key Opinion Consumer，KOC）。他们的身份可能是长尾意见领袖（即小微KOL）、普通网红、消费达人、微商、导购，也可能就是普通的忠诚客户。

消费领袖 KOC 通常拥有现实社交圈子，或者在社交媒体上拥有自己的私域流量，具有影响力，可以汇聚自己的粉丝，包括熟人朋友、关注者等。例如，美妆、健身、旅游、汽车、美食、母婴类达人通常拥有专业商品知识和个人魅力，他们通过现实社交圈子或社交媒体分享专业知识，在各自圈层内具有话语权，他们与粉丝频繁互动，甚至一对一接触，这容易让粉丝产生信任，从而影响粉丝的消费行为。

其实，每个人都有自己的粉丝，亲朋好友、信任你的人就是你的粉丝，你能影响他们的行为。无论是小商家、微商，还是普通消费者，只要是社会人，熟悉并热爱某品牌或产品，他就有自己的基本盘粉丝，就能成为消费领袖，影响他人的消费行为。

2. KOC 营销的特点

消费领袖 KOC 会主动为品牌说好话，通过人际关系或社交媒体影响其他人。与意见领袖 KOL 相比，消费领袖 KOC 的特点如下。

第一，门槛低。不是所有人都能成为 KOL，但所有人都能成为 KOC——人人都有社交圈子，人人都有手机，都加入了多个社群，通过发朋友圈或者短视频，每个人都可以轻松推荐品牌和产品，如分享好物美食，推荐景点等。

第二，可信赖。KOC 本身就是现实消费者。现实消费者的真实体验远胜于屏幕上的专业推荐。与 KOL 相比，KOC 的内容生产能力通常不高——文案语句不优美，逻辑不严谨，但是他们发表的内容代表了真实消费者的感受。

第三，影响面小，数量多，代言成本低。

第四，渗透性强。KOC 的粉丝（即品牌粉丝的粉丝）数量少，可能只有几百几千人，但其活跃度较高。KOC 的真实体验和"走心"分享，能让身边的朋友、关注者产生情感共鸣，迅速建立信任，从而产生较强的影响力和传播效果。

企业开展 KOC 营销时，要注意两点。

第一，找到相关领域的消费领袖并不容易，有时候需要进行合理推测。例如，耐克推测《跑步者世界》的订阅者、跑步俱乐部的骨干分子是跑鞋等产品的消费领袖。

第二，调动 KOC 的力量拉新，需要采取激励措施，具体做法可以参考"口碑第二招：利用利益驱动""口碑第四招：利用意见领袖 KOL"。

3. 组合 KOC 与 KOL，开展协同立体营销

企业要将 KOC 营销与 KOL 营销组合起来，发挥协同效应。对于新品牌而言，可以开展"三重曝光"的立体营销，塑造品牌形象，提高购买转化率。

一是宣传品牌形象。利用头部 KOL 的广泛影响力为品牌背书，打造品牌

曝光度与知名度，建立品牌等同于品类的消费者认知，吸引流量。

二是宣传品牌定位。利用腰部 KOL 的专业影响力开展深度沟通，宣传品牌定位或者产品卖点，打破消费者的顾虑，增强消费者的信任。

三是促销带货。利用广大尾部 KOL、KOC 与客户建立的信任关系，传播真实体验感受，刺激购买欲望，实现流量转化，提高产品实际销量。

◇ 消费者转变为"产消者"，成为品牌粉丝

1. 消费者转变为"产消者"

美国未来学家阿尔文·托夫勒（Alvin Toffler）指出，未来生产者和消费者的界限会逐渐模糊，生产者与消费者将融为一体。他还创造了新词汇"Prosumer"，意为生产型消费者，简称"产消者"或"消费商"。在这种情况下，产消者既是生产者，又是消费者；生产者与消费者的工作或生活融合在一起，企业可以更充分地理解消费需求及其变化趋势，准确掌握消费者生活或工作中存在的问题，为消费者创造有效价值，从而获得快速成长；消费者参与企业的产品研发、生产、销售等业务活动，对企业的忠诚度大大提高。生产者与消费者紧密协作，共同创造价值，实现了利益捆绑，消费者会转变成品牌的粉丝、传播者。

2. 宜家效应：投入劳动越多，越容易高估物品价值

2011 年，美国心理学家丹·阿雷利（Dan Ariely）通过实验测量劳动投入怎样影响人们对物品的价值评估。实验要求第一组学生按照说明折出一只纸鹤，并对自己的折纸作品进行估价；要求第二组学生在不知道折纸者身份的情况下，对第一组学生的折纸作品进行估价；要求第三组学生按照同样标准对折纸专家的作品进行估价。

结果表明，自己动手折纸的人对自己作品的估价是第二组的 5 倍，几乎接近第三组对折纸专家作品的估价。换言之，对作品付出过劳动的人会给自己的作品更高的估价，阿雷利将这种现象称为"宜家效应"。

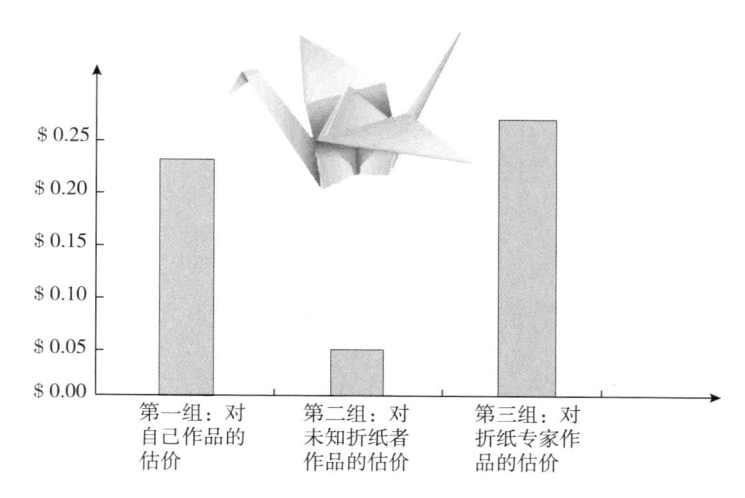

图 3.9　折纸实验与宜家效应

宜家从瑞典一家小型邮购家具公司成长为世界上规模最大的家具企业，其成功秘诀就是重新界定了分工关系，企业与客户是合作伙伴，共同改善人们的家居生活。宜家对商品进行平板包装，这降低了生产成本，节约了仓储空间，提高了配送效率。宜家为每件商品精心制定了"导购信息"，包括名称、价格、材质、功能、可供选择的颜色、使用方法、购买程序、安装流程、保养说明等信息，方便客户自己动手搬运与安装。

宜家不是销售已组装好的家具，送货上门，而是让客户投入劳动，自己搬运，自己动手组装家具。所谓宜家效应，就是客户对自己亲手运输、组装的家具会产生一种非理性的喜爱，就像折纸实验中的被试者一样。宜家效应的本质是让客户产生依恋感与自豪感。

3. 吸引消费者参与企业活动，将其转变为粉丝

根据产消者理论与宜家效应，人们对某产品的投入越多，对产品就越重视。投入包括付出时间、精力、金钱或社会资本，例如为产品提供涉及个人隐私的数据信息、学习产品的新功能、拥有产品里的虚拟资产（如互联网服务）、向别人推荐、添加关注、列入收藏、点赞、转发等行为。客户一旦对产品进行了投入，为品牌做出了贡献，他就与品牌成为一致行动人，会为品牌说好话。

◇ 吸引消费者共创价值，将其转变为品牌粉丝

伴随互联网成长起来的"Y世代"与"Z世代"，喜欢通过参与获得认同感。今天，价值不再由产品生产者或服务提供者单方面提供，而需要消费者参与共同创造。小米联合创始人黎万强就将小米成功的核心要素总结为"参与感"。他认为，被称为"米粉"的忠诚用户扮演着小米的产品经理、测试工程师、口碑推荐人、梦想赞助商等角色，他们会热情地参与到企业的各项工作中。

企业要与消费者实现价值共创、内容共鸣、认知共情、传播共振，共同塑造品牌。企业要让消费者参与到从产品定位、设计开发到生产、宣传推广，再到销售和售后服务的各个关键环节中，激发消费者的创造力，让其产生"主人"的感觉，这样才能真正获得消费者的认同。在研发设计环节，企业要与消费者实时沟通，让消费者对设计"指手画脚"，这会使消费者产生一种"这是我创造的"的感觉。在生产环节，企业可以让消费者自己动手制作，人们在动手的过程中会享受到乐趣，并对自己的劳动成果产生特殊感情。人们愿意传播自己参与制作的产品，这会产生愉悦和成就感。

1. 让客户参与产品创新

传统的新产品开发流程，要调研客户需求，费用不菲，还不一定准确。

有些企业利用官方网站、论坛、脸书主页、APP、微博或微信等工具汇聚目标客户，激发客户积极参与对话，向客户征集产品与服务创新的点子，集思广益，确保新产品符合客户的需求痛点，而不是想当然地闭门造车，从而降低新产品进入市场的风险。

案例 乐高、星巴克吸引客户参与创新

乐高在网站社区上发布新产品，收集客户的新产品创意，鼓励客户对创意进行评论和投票，公司对好评数达到10000的客户创意实施产品开发。

1998 年，星巴克开展了协同创新项目"我为星巴克出主意"，在网站上收集客户有关新产品、新体验的点子。公司向客户发出邀请："你比其他人更了解自己想从星巴克得到什么，请告诉我们你对星巴克的建议——无论是革命性的还是简单的，我们洗耳恭听。"星巴克鼓励客户分享自己的创意，并对其他创意发表评论、投票评选。星巴克将客户的网站账号与社交媒体账号关联起来，客户可以在脸书和推特上方便地转发活动信息。该项目自举办以来，参与者超过 200 万人，收集创意超过 2 万个，实施了上千个创意，包括产品创意（食物、饮品等商品）、体验创意（下单、支付、取用、氛围、选址）等。

案例　　　　　服装品牌吸引客户参与创新

女装品牌七格格发布新款服装之前，先将设计方案上传到网店，通过论坛和社交媒体征询客户的意见，请他们投票。然后，设计师根据反馈建议和投票结果进行反复改进。七格格还举办 T 恤衫设计大赛，向广大客户征集设计方案，获奖者有机会成为签约设计师。这种开放式互动活动为设计提供了源源不断的灵感和方案。

服饰电商凡客曾在官方网站开展"全民设计"活动，鼓励网友上传自己设计的 T 恤衫和帆布鞋图案。所有注册客户都可以提交创意作品、评价其他作品。周冠军得主可获得 1000 元现金奖励，作品刊载在国内知名潮流刊物上，并有机会被制作成为凡客产品。

案例　　　　　小米：吸引"米粉"参与研发

小米发展初期，MIUI 更新的功能大约有 1/3 由"米粉"提供，上百万的粉丝参与过 MIUI 的研发活动。粉丝通过 MIUI 社区参与产品升级迭代过程，少数"米粉"甚至可以参与小米重大产品的前期规划与决策过程。

小米建立"橙色星期五"开发模式，吸引粉丝参与。每周五，小米将不成熟的新系统、新功能呈献给粉丝，粉丝使用后在次周二提交体验报告。小米汇总体验数据，总结出客户喜欢的、不喜欢的功能，进一步优化。

广大粉丝期待参与"橙色星期五"，体验新系统和新功能，当粉丝发现小米发布的功能源于自己的设计或者建议，就会非常高兴，对产品投入情感，不仅成为回头客，还会主动为产品说好话，推荐其他人使用。

2. 让客户参与营销宣传与售后服务

企业要鼓励粉丝成为品牌大使，帮助企业宣传推广产品。企业要为粉丝提供合适的传播工具与平台，制作传播素材（如文章、视频、宣传口号等），并建立相应的激励机制。具体方法可参考"口碑第二招"中有关完善社交推荐机制、赋能客户拉新的内容。

案例　　　　　　　　　　　**客户参与营销宣传**

百事可乐旗下的多力多滋品牌（Doritos）曾举办了一次"冲击超级碗"的广告创意大赛，邀请消费者创作时长30秒的广告，从中挑选优秀作品在"超级碗"联赛上播出，取得了良好效果。2013年，公司将这一活动范围扩大到出售多力多滋的所有46个国家，消费者创作的入围作品达5400份，公司从中选出两则妙趣横生的广告在"超级碗"赛事期间播出，获得巨大成功。

饮料公司Vitamin Water推出新产品前，征求客户关于品牌名称及产品包装的建议。

流行音乐明星Lady Gaga发布新歌前，总是向粉丝透露一些片段，让他们在社交媒体上提前发声，吸引大众。由于她拥有4000多万推特粉丝、6000多万脸书粉丝，这创造出了巨大的口碑效应。

福特公司历史悠久的嘉年华活动，向参与客户赠送嘉年华车，将其转变为嘉年华品牌大使。这些品牌大使通过博客、推特、脸书、YouTube 视频和其他社交媒体与朋友们分享自己的体验。

企业可以利用粉丝提供售后服务，降低客户服务成本。财捷集团（Intuit）设立客户社群快账社区（Quickbooks Community），活跃的社群成员基于自己经验为其他人提供建议，帮助企业回答了 70% 的客服问题。

3. 让客户参与生产过程

让客户参与企业产品的产生过程、服务的提供过程之中，感到自己"被需要"，客户就会产生强大的归属感，成为品牌的忠诚粉丝。

案例　　今日头条：激励读者生产内容

今日头条成功的秘诀之一是赋能自媒体，吸引广大读者创造内容。

今日头条制订了内容生产激励机制，成为国内最大的自媒体作者平台之一。2015 年年底，今日头条提出"千人万元"补贴计划，保证至少 1000 个优质头条号每月从平台上获得不低于 10000 元的收入。2016 年、2017 年又开始补贴短视频，旗下的短视频平台"抖音"很快就流行起来。"悟空问答"一年花 5 亿元签约 5000 名知名答主，花 5 亿元给广大答题读者发红包。"微头条"对"大 V"进行扶持，目标是培育出 1000 个百万粉丝的账号。

案例　　完美世界：邀请玩家开发游戏

完美世界打造手游《梦幻新诛仙》时，游戏制作组邀请玩家成为"全民制作人"，吸取玩家的建议，使游戏被更多人喜爱。

制作组奔赴各个城市与玩家面对面交流，将玩家的建议尽可能地融入游戏中。制作组在微信公众号发布研发进度,玩家可以在公众号留言评论,向制作组提问,制作组会予以回复。

4. 吸引客户参与的精神奖励方法

鼓励客户参与的精神奖励方法多种多样,例如:

①鼓励参与。举办各种征文比赛、创意大赛,鼓励客户踊跃投稿,以内容质量决定排名,并予以奖励。

②及时反馈。及时答复客户反馈的意见,让客户感觉到企业重视自己。

③及时认可。对客户符合预期的行为及时予以认可,如给客户发私信、感谢信等。

④真诚感谢。例如,当客户发现产品不足时予以真诚赞美,如"您做得太棒了!""您发现的缺陷对我们而言意义重大!"等。

⑤授权。当客户表现出色时,可授权其担任社区管理员、社群群主等,让客户感到被重视、被尊重。

⑥日常联络。客户生日时向其寄贺卡、赠送小礼物等。

参考文献

[1] 彼得·德鲁克. 管理：使命、责任、实务 [M]. 王永贵, 译. 北京：机械工业出版社, 2009.

[2] 西奥多·莱维特. 营销想象力 [M]. 辛弘, 译. 北京：机械工业出版社, 2007.

[3] 菲利普·科特勒. 营销革命 4.0：从传统到数字 [M]. 王赛, 译. 北京：机械工业出版社, 2018.

[4] 迈克尔·所罗门. 消费者行为学 [M]. 杨晓燕, 等, 译. 北京：中国人民大学出版社, 2018.

[5] 弗雷德·赖克哈尔德. 忠诚的价值 [M]. 常玉田, 译. 北京：华夏出版社, 2001.

[6] 弗雷德·赖克哈尔德. 终极问题——创造好利润, 促进真成长 [M]. 扬大蓉, 译. 北京：商务印书馆, 2008.

[7] 西蒙·斯涅克. 从"为什么"开始：乔布斯让 Apple 红遍世界的黄金圈法则 [M]. 苏西, 译. 深圳：海天出版社, 2011.

[8] 保罗 R. 蒂姆. 客服圣经：如何成功打造顾客忠诚度 [M]. 韦福祥, 等, 译. 北京：机械工业出版社, 2014.

[9] 尼尔·埃亚尔, 瑞安·胡佛. 上瘾：让用户养成使用习惯的四大产品逻辑 [M]. 钟丽婷, 等, 译. 北京：中信出版集团, 2017.

[10] E.M. 罗杰斯. 创新的扩散 [M]. 唐兴通, 等, 译. 北京：电子工业出版社, 2016.

[11] 杰弗里·摩尔. 跨越鸿沟 [M]. 赵娅, 译. 北京：机械工业出版社, 2009.

[12] 马尔科姆·格拉德威尔. 引爆点：如何制造流行 [M]. 钱清, 等, 译. 北京：中信出版社, 2009.

[13] 邓肯·J·瓦茨. 六度分隔：一个相互连接的时代的科学 [M]. 陈禹, 等, 译. 北京：中国人民大学出版社, 2011.

[14] 邓肯·J·瓦茨. 一切显而易见 [M]. 韩松涛，等，译. 北京：中国人民大学出版社，2014.

[15] 马克·格兰诺维特. 找工作：关系人与职业生涯的研究 [M]. 张文宏，等，译. 上海：格致出版社，2008.

[16] 艾萨克森. 史蒂夫·乔布斯传 [M]. 管延圻，等，译. 北京：中信出版社，2011.

[17] 黄卫伟. 以客户为中心：华为公司业务管理纲要 [M]. 北京：中信出版社，2016.

[18] 黎万强. 参与感：小米口碑营销内部手册 [M]. 北京：中信出版社，2014.

[19] 姚群峰. 感染力：互联网+时代病毒营销策划的55个实操秘诀 [M]. 北京：电子工业出版社，2016.

[20] 姚群峰. 不营而销：好产品自己会说话 [M]. 北京：电子工业出版社，2018.